门萨智力大师系列

MENSA
门萨全脑
思考力训练
MIND WORKOUT

〔英〕约瑟芬·富尔顿 著

丁大刚 庞彦杰 译

人民文学出版社
PEOPLE'S LITERATURE PUBLISHING HOUSE

著作权合同登记号 图字 01-2021-4714

图书在版编目(CIP)数据

门萨全脑思考力训练 / (英) 约瑟芬·富尔顿著；
丁大刚, 庞彦杰译. -- 北京：人民文学出版社, 2022
(门萨智力大师系列)
ISBN 978-7-02-016528-5

Ⅰ. ①门… Ⅱ. ①约… ②丁… ③庞… Ⅲ. ①智力游
戏 Ⅳ. ①G898.2

中国版本图书馆CIP数据核字(2021)第231058号

责任编辑　卜艳冰　周　洁
装帧设计　李苗苗

出版发行　人民文学出版社
社　　　址　北京市朝内大街166 号
邮政编码　100705

印　　　制　上海盛通时代印刷有限公司
经　　　销　全国新华书店等

开　　　本　720毫米×1000毫米　1/16
印　　　张　14
字　　　数　168千字
版　　　次　2022年1月北京第1版
印　　　次　2022年1月第1次印刷

书　　　号　978-7-02-016528-5
定　　　价　68.00元

如有印装质量问题, 请与本社图书销售中心调换。电话:010-65233595

什么是"门萨"？

"门萨"是世界顶级高智商俱乐部的名称。

它拥有十万多名会员，遍及全球四十多个国家。

俱乐部的宗旨是：

从人类利益出发，确认、培养以及巩固人类智力；

鼓励开发研究人类智力的本能、特征和用途；

为其会员提供宝贵的智力激发、交流和发展的机会。

任何智力测试得分在世界人口前2%的人都有资格成为门萨俱乐部的一员——您是我们一直在寻找的那"2%"吗？

门萨俱乐部成员享有以下权益：

国内外线上线下社交活动；

量身打造的兴趣小组——从艺术到动物学研究，百余种选择只为迎合您的兴趣爱好；

会员月刊和当地活动时讯；

同城聚会——从游戏竞技到小食、酒水聚会；

国内其他城市及国外周末聚会和会议；

激发智力的讲座与研讨会；

享受SIGHT（国际向导和接待游客）组织所提供的服务。

目录

学习力

3

　　学习一门外语或掌握工作中要用到的一台最新设备会让您感到恐惧吗？要想克服这种恐惧感，您首先要做的是培养信心。学习新事物往往会让人感到畏惧，但是，如果先入为主地认为自己不行，那么是注定要失败的。

　　如果思考一下自己所拥有的众多令人肃然起敬的能力，就会认识到让您停滞不前的只是自己的忧虑。您每天所运用的能力虽然看上去很平常，但事实上它们代表着您所从容处理的大量知识。回答下面的问题应该可以帮助您更加清醒地意识到自己巨大的学习潜力。

1. 您会走路吗？

2. 您会说话吗？

3. 您会区分不同的形状、声音、质地，等等吗？

4. 您会进行数学运算、阅读和写作吗？哪怕是最基本的也行。

5. 您会冲咖啡吗？

6. 您会做饭吗？

4

7. 如果不会，那么您知道如何订外卖吗？

8. 您会走出家门买面包吗？

9. 您会安全地穿越马路吗？

10. 您非常清楚自己的好恶吗？

11. 您会向他人表达您的好恶吗？

12. 您有什么爱好吗？考虑一下因为这些爱好您所需要具备的能力，无论这些能力有多么基本。

13. 您懂得一些外语单词吗？

14. 您会开车吗？

15. 如果不会，那么您熟悉其他出行方式吗？

16. 您从事过什么工作吗？无论是有偿的还是志愿的。

17. 您熟悉什么电子设备吗？例如，电话、音响、手机，等等。

18. 您会换插头吗？如果不会，您知道与谁联系吗？

19. 您能说出十个国家的名称吗？

20. 您能说出美国总统的名字吗？

　　这些问题应该可以表明您有生以来所获得的众多能力和知识。每日的生存需要重复不断地学习。现在来做下面的测试题，从而了解自己的学习能力如何。

◎ 如何操作它？

学习下列假想的各种小器具的使用说明。十分钟后，将这些说明覆盖起来，尝试回答后面的选择题，看您记住了多少信息。

1. 设备A

若要做到安全操作，只需在剪的过程中移去防护罩即可。将脚后跟对准正确的脚码标记，调整性别标度盘。一切就位后，抬起防护罩，启动红色按钮。蓝色标度盘控制着指甲修剪的程度。启动绿色按钮即关掉设备A，防护罩也将自动放下。十秒钟之后，脚就可以移开了。

2. 设备B

设备B不适合在非常狭小的空间里使用。操作的时候，将尖端对准动物（动物最好在三米之内，以确保准确度），把凸出的一端击打一下，直到听到咔嗒一声，从而启动传感器。任何时候只要释放这一端，都将导致捕捉器自动旋进。无论是静止的还是移动的动物，设备B都非常管用，只会给动物造成轻微的外伤。

3. 设备C

把五节电池正确安装到位后，打开设备C的电源开关。利用箭头键从出现在屏幕上的特征列表中加亮显示您目前心情的六个形容词。最后，把光标移动到All，记录下您的心情，并且显示一种芳香疗法。

按照提示详细地说明您目前的位置后，供应芳香疗法所用精油的一组商店将显示出来，而且还将详细地显示库存状况。使用完之后，只要关闭电源开关就可以了。

4. 设备D

做好您精选的烹饪用混合物之后，把白色设备 D 比重计调整到与混合物有关的开关上，例如蛋糕的基本成分、香薄荷酱等。把已消毒的设备 D 放进混合物中，搅拌五秒钟。拿开设备 D 并且擦净，确定需要多少增稠剂才能够产生完美的稠度。为了清洁和重置这个装置，不用的时候把它放在消毒器中。

5. 设备E

在寒冷的天气，尤其是在夜晚离开汽车之后，使用吸气垫的同时在每个窗户的中央贴一个设备 E。把长方形设备 E 放在前后挡风玻璃上，把正方形设备 E 放在较小的侧窗上。把每个设备 E 上的圆形开关沿顺时针旋转，直到箭头与橙色圆点对齐即可启动装置。使用汽车的时候，把设备 E 拿开，车窗上将不会有霜冻。开关箭头指向黄色圆点时，表明设备需要充电。

◎ 问题

❶ 在设备C上有多少个形容词描述您的心情?

　　a. 八个　　　　b. 五个　　　　c. 六个　　　　d. 七个　　　　e. 四个

❷ 哪种器具的使用与动物有关?

　　a. 设备D　　　　　　　　　　　　b. 设备E

　　c. 设备A　　　　　　　　　　　　d. 设备B

　　e. 设备C

❸ 在其中一个器具上,什么控制着指甲修剪的程度?

　　a. 蓝色按钮　　　　　　　　　　　b. 蓝色开关

　　c. 绿色开关　　　　　　　　　　　d. 蓝色标度盘

　　e. 绿色按钮

❹ 不应该在哪里使用设备B?

　　a. 汽车里　　　　　　　　　　　　b. 舞厅里

　　c. 公园里　　　　　　　　　　　　d. 百货商店里

　　e. 山上

❺ 下面哪一个是设备A的一个特征?

　　a. 吸气垫　　　　　　　　　　　　b. 防护罩

　　c. 白色比重计　　　　　　　　　　d. 电池驱动的机械装置

e. 传感器

6 放在后挡风玻璃上的装置的形状应该是什么？

    a. 圆形   b. 三角形

    c. 长方形   d. 正方形

    e. 不规则

7 用于重置设备D的东西是什么？

    a. 清洗器   b. 标度盘

    c. 白色比重计   d. 绿色按钮

    e. 消毒器

8 在其中一个器具上，为了记录一组商店，必须详细说明什么？

    a. 您目前所处的地理位置   b. 您的脚码

    c. 您的家庭地址   d. 您目前的心情

    e. 您的车

9 设备E上的开关应该如何启动？

    a. 按压   b. 顺时针旋转

    c. 咔嗒击打一下   d. 拉出

    e. 向上推

10 设备B应该在多少米内操作？

    a. 六米   b. 十五米

    c. 八米   d. 十米

    e. 三米

9

10

◎ 早期的影响

我们的学习能力以及求知欲主要源于我们的童年。学习走路和说话主要是通过模仿和重复，因此您所得到的鼓励和关注程度对您早期的进步有很大的影响。有弟弟或妹妹的人无疑都会记得自己当时有多么反感不断被模仿。只有在人生的后期，我们才会意识到这个学习过程的重要性。

从一出生开始，我们就通过不断地适应和调整来学习。婴儿遇到任何陌生的东西（例如摇摆木马）都会感到害怕。只有得到安慰和经过仔细的检查后才会明白它是不会伤人的。

我们大家都有一种根深蒂固的探寻周围世界的欲望。在童年时期，"为什么"是我们词汇中的一个关键词。不幸的是，我们学习的道路常常会被他人的负面反应所阻碍——一个孩子能从"因为它是那样"的回答中学习到什么呢？批评也同样会伤害孩子。如果有人告诉一个孩子他/她的字迹很糟糕，那么这个孩子可能会认为这是对他/她人格的直接攻击。这会严重伤害他们的信心，压制他们进一步学习的欲望。无论是孩子还是成人，我们所需要的都是积极的鼓励以及教授的方法——明确地把一个人的人格与其所要掌握的能力区分开来。用这种方法，我们的学习能力将会从出生一直到成年都保持不断的发展。

童年时期还有一些其他因素会影响我们后期对待学习的态度。幼年睡觉前听故事或阅读时常被人们当作美好的记忆回想起来，这说明阅读与乐趣在潜意识中是有联系的。这会成为终身热爱阅读的开始。它无疑会帮助我们成为更加高效的学习者。

◎ 什么是学习？

我们阅读时所吸收的知识被储存在数百万的大脑细胞中。这些细胞通过一个被称为"树突"的巨大神经网络连接。获取新知识并不意味着大脑会变得过于"满"，知识会以某种方式丢失。相反，获取新知识会引起大脑发展更多的神经通道。简单地说，您学习的东西越多，您的学习能力就越强。

每个人都有不同的学习方式。例如，将来当您在讨论问题的时候让一个朋友站在某个地方观察您。您必须对此一无所知，以便您能够完全自然地进行讨论。当有人问您问题以及当您倾听的时候，您的行为和面部表情会做何变化？您的眼睛会有何变化？

13

有些人认为，当您与他人交流时，您眼睛的运动方式可以揭示您所偏向的学习方法和处理信息的方式。当有人问您问题或者当您试图回想事情的时候，如果您的眼睛向上瞥，您可能对视觉形象有比较敏锐的反应。这是因为您所看的是头的上部，而这个部位大致是眼睛所处的位置。这种倾向可以通过您偏好使用视觉语言（例如："让我们看""我的观点是……"）而得到进一步说明。视觉学习非常有效，因为视觉形象常常比词语更引人注意，更容易理解。当您拿起一份报纸的时候，您的目光是立即投向故事的第一段还是插图呢？

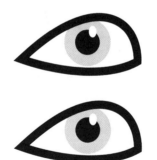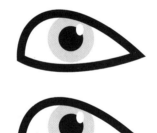

根据这个理论，如果眼睛瞥向一侧，朝着耳朵，那么就说明对听觉比较依赖。同样，对声音反应比较灵敏的人可以通过他／她所偏爱的语言得到说明："我听说您……""听上去像是个好主意"，等等。在我们学习的时候，声音确实对我们很重要——说话的语调、语调的调整，以及声音的高低对于我们理解口头信息有着重要的影响。强调一个词语而不强调另一个词语会完全改变我们从说话者那里接收到的信息。另外，充满热情、声音饱满的话语要比毫无表情、单调的话语更容易被记住——耳朵和大脑必须受到刺激才能够维持您的兴趣和充分发挥您的学习能力。

 在我们的学习过程中，其他感觉（味觉、触觉、嗅觉）也起着重要的作用。学校现在非常重视学生充分利用各种感官进行积极的自我发现，而不只是依赖被动的阅读。相似的气味或味道常常能够激发对知识或过去经历的回忆。

15

想一想您是如何依靠感官来学习的。您比较擅长使用哪一种语言？您对哪种语言比较敏感？或许您需要对此问题"玩味一番"，或者答案就在您的"嘴边"。还好，您没有"嗅到可疑的味道"。意识到各种感官对学习的作用不仅能够增强您的理解力，而且还可以使您的生活别有一番情趣。

归根结底，是您自己控制着您的学习能力和学习欲望。他人的建议虽好，但是如果您不善加利用，那么也无济于事。虽然下面提供的一些学习诀窍大都是常识，但是仍然有许多人对其熟视无睹。现在开始行动吧，评论一下您目前的学习方法——或许您会发现您错过了各种学习机会。

◎ 学习的诀窍

① 　　心境决定着您的学习能力和成败。如果您认为自己做不了，那么您很可能就做不好。不要把这些限制施加在自己身上，您要做的是积极地思考，把注意力集中在所做的事情上。

② 　　把大脑当作复杂的档案柜，里面装满了积极和消极的文件。如果您对数字有困难，那么就设法在头脑中把这个消极的文件转变为积极的文件。您将发现这个方法可以改变各种潜意识的成见，并且完全改变您看待自我能力的方式。

③ 　　始终强调正确的一面，而不要强调错误的一面。这会促成一种积极的观念，提升求知欲。人人都会犯错误，但是认识到自己学习到了多少东西可以增强您的信心，帮助您面对最困难的情形。

④ 　　从错误中学习。如果错误总是唤起您的失败感，那么您很可能会感到气馁。相反，您要把错误看成推动您继续前进

的动力。审视自己的错误，试图从中学到点东西——不要放弃，也不要胡乱猜想，以为它不会教授您任何东西。

⑤ 您对待过去、现在和将来的方式是非常重要的一个学习领域。如果您把新信息与过去的经历联系起来，那么学习将会变得更加容易。例如，当要设法记住一个日期的时候，如果把这个数字与某个特定的生日或门牌号联系起来，那么记忆将会变得容易。用这种方法，新的信息补充了您已有的知识，而不是变成一个新档案储存在您的大脑中，不然回忆起来会比较困难。

⑥ 运用形象法可以帮助您更加轻松地接收新知识。试着想象自己站在一条长长的马路中间，过去的知识在向您身后延伸，而在前面——您未来的学习道路是一片坦途。

⑦ 没有限制。成功是不受限制的——您需要明白您永远不可能学习得太多。机会始终在那里，只等着您去抓住。

⑧ 如果您不自助，是没有人能够帮助您的。如果您有什么困惑，那么就说出来！早点说出来才能够避免各种复杂问题的出现，以及日后的尴尬。

⑨ 注意他人成功的原因。例如，您是否对做复杂的计算感到很困难，而您的同事却觉得很轻松？不要一肚子怨气，而是要设法弄清楚他们是如何处理的。有人认为，如果您再多走一步，模仿那个人的某些行为和观点，那么您就能够感动他人，并且在同样的领域胜过他人。然而，您的生命不可能是一个恒定的行为——利用经验询问自己哪里出错了，从而把自己带到正确的道路上。

⑩ 巩固肯定能够提高您的记忆力。巩固可以通过多种途径进行，可以进行询问和参与，可以围绕某一主题进行阅读以加深理解，可以间隔一段时间复习已有的知识，也可以制定有效的复习计划等。复习计划应该被看作是有效学习过程中的一个基本组成部分。阅读的时候，如果不断地进行略读、提问、记笔记和回忆测验，那么一定会产生满意的结果。您学习一个知识所用的时间越多，您就越不容易忘记它。

⑪ 读和写不是学习和记忆仅有的方法。仔细地观察和倾听您周围的一切。运用视觉形象（如果您擅长的话）——老师的视觉图像常常能够触发您认为已经忘记的知识。但是，这需要您首先仔细地观察和倾听老师的讲授！

⑫　　要有创造力。通过围绕一个主题进行诗歌、素描和歌曲的创作来培养创造力。因为它在帮助您保持对某一主题的兴趣方面有很重要的作用，它还可以使您的生活充满乐趣。

⑬　　尝试音乐。许多人都倾向于默默地学习知识，有些人说某种类型的音乐确实能够帮助他们学习——至于是何种类型则需要您自己去发现。您可能会发现它能够帮助您集中注意力，也可以增加您学习过程中的乐趣。

⑭　　让自己休息一会儿。如果您从早学到晚，您的兴趣将会减退，而且您的学习能力也将开始衰退。设法保持一种平衡的生活方式，使自己的学习有序地进行。学会定时休息和变换环境——试着绕花园走五分钟。不间断的学习也许可以使您的良心得到安慰，但是您的大脑，就像您的身体一样，是不能无休止地运转的，它需要不时地休息。

⑮　　确定一个适合您的学习环境。有的人早上学习效率高，而有的人只有到晚上才有精力学习。稍作尝试，找到您的最佳学习环境——学习最有效率的时间或地点。这还可以促使您轻松地对待学习，这一点也是非常有益的。

 当您在学习过程中能够发现某种乐趣时，您就更有可能理解所学习的事物。让学习充满刺激和乐趣有助于充分调动您的积极性，从而使您取得最佳成绩。

 如果您对生活、身体和学习感觉良好，那么成绩也会接踵而至。照顾好您的身体，您的大脑也将表现得更出色。您正处在驾驶座位上，各种学习机会就在拐角处等着您。您冲向它们的速度取决于您自己。

答案与评析

如何操作它？

答案：

1. c   2. d   3. d   4. a   5. b

6. c   7. e   8. a   9. b   10. e

得分评析（答对一题得一分）：

6分或低于6分：差。不要灰心——这种能力很容易就能提高。

7分或8分：良。阅读几个可替代的学习诀窍能够使您的成绩更进一步。

9分或10分：优。您有高度协调的学习能力和记忆力。然而，阅读不同的学习策略，您仍然可以从中受益。

记忆力

高效的记忆对于我们的生活有非常大的帮助，然而许多人只会说："噢，不要问我，我从来都记不住。"而且他们也不做任何努力来改善自己的记忆。下面的测试可以帮助您确定自己的记忆力等级，明确需要进行自我改进的地方。

利用下面的问卷简单了解一下自己的日常记忆力如何。

自我测评

在您认为最恰当的数字上画圈：如果情形完全适合于您，就在数字 1 上画圈；如果只是偶尔发生或者您不太确定，那么就在数字 2 上画圈；如果是从来没有的事，就在数字 3 上画圈。

1. 当我在大街上突然碰到一位久未谋面的熟人时，我几乎记不起他／她的名字。

                                            1   2   3

2. 如果我不作任何书面备忘的话，我常常会忘记别人的生日。

                                            1   2   3

3. 读一本书时，我很容易忘记刚刚读过的前一章的内容。

                                            1   2   3

4. 如果不列清单就去购买食品，我往往最终会多跑一趟商店。

                                            1   2   3

5. 我常常为忘记传达重要的电话留言而感到内疚。

                                            1   2   3

6. 要做一件特定的事情，我常常得依靠他人的提醒。

　　　　　　　　　　　　　　　1　　2　　3

7. 掌握生词或外来短语似乎需要花费我几个世纪的时间。

　　　　　　　　　　　　　　　1　　2　　3

8. 如果没有人当场告诉我，我不可能记住一个电话号码。

　　　　　　　　　　　　　　　1　　2　　3

9. 谈话中途受到干扰后，我有时得问刚才我讲到哪里了。

　　　　　　　　　　　　　　　1　　2　　3

10. 当按照菜谱进行烹饪或操作一个复杂的器具时，即使我已经做过那道菜或使用过那个器具多次，我仍然需要参照说明。

　　　　　　　　　　　　　　　1　　2　　3

11. 我常常忘记看一场特别的电视节目，或忘记设定 VCR 录制我想看的节目。

　　　　　　　　　　　　　　　1　　2　　3

12. 我之前曾经因为忘记炉子上煮着饭，而把它烧煳了。

　　　　　　　　　　　　　　　1　　2　　3

13. 我等水烧开等了好长时间，结果发现我忘记把火打开了。

　　　　　　　　　　　　　　　1　　2　　3

14. 当我忘记上闹钟的时候，我有时会睡过头。

　　　　　　　　　　　　　　　1　　2　　3

15. 我常常会在去上课或上班的时候把一份重要的文件忘在家里。

　　　　　　　　　　　　　　　1　　2　　3

16. 当我把重要的东西藏在一个"安全"的地方时，我有时需要花费好长时间才能把它找出来。

1   2   3

17. 吃药的时候，有时我会问自己是否已经吃过了。

1   2   3

18. 有时我会完全忘记要打一个重要的电话。

1   2   3

19. 当我身上带着很多钥匙的时候，我会弄不清楚哪把钥匙开哪把锁。

1   2   3

20. 我几乎不记得把钱花在了哪里。

1   2   3

◎ 数字记忆力

在这个由先进的电子通讯所主导的世界里充满着无数的数字代码，要想在这个世界里活得更加轻松，有良好的数字记忆力是很重要的。通过下面的题目来测试您的数字记忆力。首先大声朗读一遍下面的每行数字，然后把脸转开，以同样的顺序写下每行数字。

数字记忆力测试

对于每行数字，看您记忆多少才会出错。当到达较长数字行的时候，看看您的平均得分是多少（五分等于您一行能够正确记忆的五个数字）。

5									
3	1								
3	9	4							
7	2	8	9						
3	1	0	8	6					
6	1	8	7	3	1				
1	0	4	7	9	2	4			
9	8	7	1	4	3	8	9		
5	7	9	4	8	9	1	6	0	
1	7	8	6	9	7	3	8	7	5

◎ 视觉记忆力

　　储存在大脑中的图像常常比数字或词语更容易回忆起来，尤其是当这些图像有某种联系时。用一分钟时间学习下面的物体（它们都与头部或面部有关），然后合上书，列出您所能够回忆起来的物体。

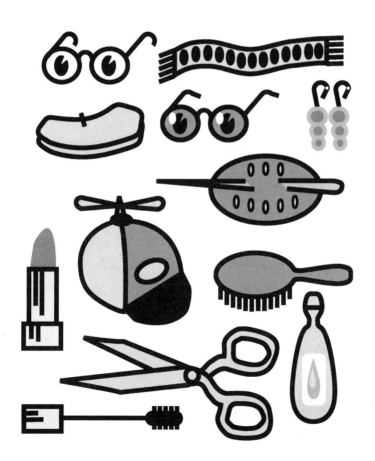

◎ 对应名字与面孔

　　您是否曾经有过这样不舒服的经历：在大街上遇到了一个您完全想不起名字的人，结果您只得糊弄过去。如果有过这样的经历，您就会明白，记住一个视觉形象常常是没有用的，除非您能够把它与名字对应起来。花两分钟记忆下面十二个穿制服的人的名字和职业，然后观察下一页的匿名面孔，看您是否能够说出他们的身份。

服务生　　警察　　潜水员　　伐木工

士兵　　矿工　网球运动员　　教师

音乐家　修理工　画家　　厨师

打分

　　如果您正确地说出一个人的名字和职业，那么就给自己打两分；如果名字或职业之一正确，那么就给自己打一分；如果两项都说不出，那么就给自己打零分。您很快会发现视觉形象确实要比名字容易记得多。

> 我有一种照相式记忆力，只不过偶尔我会忘记取下镜头盖。
>
> （无名氏）

当您说"天啊，我完全忘了"的时候，您可能认为您所忘记的东西不再被储存在您的记忆中，被永远丢掉了。实际情形并不是这样的。记忆效率低很可能是由于不能将信息回想起来，并不是由于当初没有把信息储存起来。

举两个例子来说明吧。虽然有些很久以前的事情似乎被忘却了好多年，但一些精确的细节和形象突然间会出现在您的潜意识中。有时您会突然想起一个梦。有大量的信息都在您的记忆中锁着——您所需要做的就是找到那把钥匙。

◎ 记忆来自哪里？

记忆似乎不仅仅与大脑的某一个特定区域有关。因为大量的脑细胞之间存在着无数的联结，记忆过程不断地在这个神奇的器官内发生。然而，人们认为特定类型的记忆来自大脑的特定区域。例如，被称为大脑边缘系统的区域与我们记录和回忆普通印象的方式有关。这个区域还控制着原始的情感、性冲动和食欲。短时记忆（大约持续三十秒）由大脑两侧的颞叶控制。位于耳朵后面的顶叶负责保存简单的知识。视觉记忆发生在大脑后部的枕叶。

这意味着，大脑的这些区域如果受到严重损伤，会对记忆造成严重的影响。举例来说，一个人在一场事故中颞叶受到严重损伤，结果就丧失了回忆最近任何事件细节的能力。跟上电影的情节发展或仅仅了解前几个小时到过哪里几乎成了不可能的事情。所以，下次如果您再抱怨自己的记忆力差时，再多想一想！

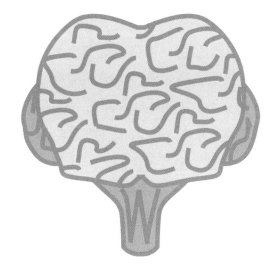

◎ 与年龄有关的问题

　　年龄与记忆能力有着直接的关系，因此拿一个九岁儿童和一个九十岁老人的记忆力进行比较是毫无意义的。例如，我们的额叶与我们使用语言的方式有关，而儿童大脑的这个区域还没有发育完全。这就意味着，儿童区别事实和虚构的能力以及正确记忆事物的能力还没有发育成熟。每个兄弟姐妹都深信自己记忆中那个家族传奇的版本，他们之间多次争论的根源就在于此。讨论常常有助于澄清这类分歧，因为语言刺激能够激发各种记忆。

　　另一方面，记忆力会随着人的衰老而衰退。但是，如果您认为与年轻的孙子们比较起来，七十岁的老人必须对付更多的记忆，那么您几乎不用惊讶，许多记忆都会中途退出。这可能是"后进先出"的结果：新的信息不断覆盖旧的信息。您可能很容易回忆起您上顿饭吃的是什么，但是您能够记起一个月前的今天您午饭吃的是什么吗？

　　有一些鼓舞人心的证据表明，今天的老年人比他们前几代的记忆力要好得多。过去人们大大低估了记忆的真正潜力——现在每年对于大脑和记忆工作原理的研究都有新的科学发现，而且所能取得的成就似乎是无极限的。

◎ 记与忘

　　除了年龄，还有许多其他影响记忆的因素——尤其是信息负荷过多。许多人每天都要面对大量的新信息。新信息连续不断地涌来必定会影响我们立即获取的信息量。如果您的头脑中充满了其他各种信息，学习新的东西将会变得异常困难。克服这个问题需要一个组织有序、注意力集中的大脑。

　　高效记忆不仅仅是"记"在起作用，"忘"也起着重要的作用。如果我们能够回想起每件细微的小事，例如我们每次谈话的确切内容、每顿饭食精确的成分，那么找到重要的信息将会是只有超人才能完成的任务。记忆具有极高的选择性。这不仅可以使我们的生活之路更平坦，而且还可以用与我们愿望相一致的方式解释过去。这种"编辑"方式既有好处也有坏处。一方面，它意味着不愉快的记忆可以被抹去，这往往是件好事；另一方面，它意味着事件会被大大地扭曲。因此，为了尽可能保持事件的客观性，我们需要与他人交谈来分享我们的记忆。

◎ 给自己一个提示

就像谈话可以触发记忆的重现一样，特定的情形和事件，无论是与视觉、嗅觉还是与听觉有关联，也会触发记忆的重现。被遗忘的细节常常可以通过重访相关的环境被回想起来。显然，如果您想唤起对一次环球旅行的记忆，这个方法也许不太可能，但如果您外出购物的时候把钥匙忘在了什么地方，按原路返回可能会很有用。

我们在前一章已经提到过，眼睛在揭示回忆事件的方式方面起着重要的作用。研究表明，当人们被要求回忆与听觉、视觉或触觉有紧密联系的事件时，眼睛会立即向上、向下、向左或向右瞥。向一个特定的方向瞥可以说明此时的记忆与一种特定的感觉有关。例如，瞥向侧面朝着耳朵的方向可能表明与听觉有关。与我们已经了解的不同的学习方法一样，高效的记忆也常常源于对各种感觉的充分利用。

◎ 三种主要的学习和记忆方法是：

重复

联想

形象化

◎ 重复，重复，再重复

　　对于真正有效的学习和记忆来说，简单的重复是不够的。一遍遍重复是不会让大多数人充满热情的。只有任务简单的时候，重复才可能会产生有效的记忆。对于比较复杂的任务，则需要组织有序的记忆。可以利用各种技巧。例如，要想促进对书面信息的回忆，我们可以记笔记和经常复习——半小时、一天、一个月。

◎ 联想的艺术

在日常生活中，需要记住一位朋友的电话号码或需要记住去超市买什么东西时，我们可以借助一种更容易掌握的方法——记忆术。记忆术是提高记忆力的一系列简单有效的技巧，同时还可以激发您的创造力。在没有带笔的情况下，不断重复一个电话号码也许可以有效地帮助您回到家中把它写下来；但是如果没有其他任何帮助，一周或一个月后您能够回想起这个号码的概率是多少？您可以试试下面的记忆法。通过挑选一个单词来代表每个数字，从而构成一个句子。组成单词的字母数必须与其所代表的数字相同。例如：

号码 **346443** 可以记作：

"**All**（3 个字母）**good**（4）**things**（6）**take**（4）**time**（4）**too**（3）."（好事多磨。）

试着把数字和字母混合的编号 **B437 FEM** 记作：

"**Bedraggled**（B）**ants**（4）**ate**（3）**eagerly**（7）**for**（F）**eight**（E）**minutes**（M）."（浑身沾满泥巴的蚂蚁急切地吃了八分钟。）

这种联想的方法很容易掌握——您运用得越多，它就变得越容易。同时您还将发现它是提升创造力的一个有趣的方法。

◎ 运用您的视觉想象力

形象对记忆也非常有帮助。如果有更多的人掌握各种经过试验的视觉记忆法，那么写日记将成为历史。尝试把具体的物体或事件放在熟悉的视觉环境之内来记忆它们。例如，您可能需要记住一些关于预定到国外旅行的事宜。现在想象您漫步在一个非常熟悉的地方，例如您的家或本地的公园。您一边走一边插入相关物品的形象——钱包也许能够提醒您去计算一下这次旅行需要多少外币。

这种方法对于记忆一系列物体或事件非常有效，例如购物清单或在电脑上把一个程序转化为另一个程序的步骤。您可以试着把您在路上经过的第一件东西作为最重要的物品或事件。或者形象的顺序也许可以反映您所设法记忆事件发生的时间顺序。用这种方法，您下一周的日程安排也许可以通过想象围绕您的花园走一圈而被记住。想象一台电脑沉入了您家的水池里（完成那个重要的报告）；橡树下一只装满硬币的小匣子（追偿欠款）；种植西红柿的菜畦里一根粗大的指挥棒（一天晚上外出听音乐会）……

环境保持不变，只是您插入需要提醒您某事的形象必须是新的。在理想化的情况中，您应该使用同样的场景和同样的路线来记忆您想记的每一件事情。如果经常这样使用的话，记忆清单将会自动生成。

如果您使场景内加入的物品及其位置变得模糊不清、不恰当或很好笑的话，那么它们将在您的记忆中徘徊较长的时间。一条鱼戴着墨镜欢快地在您的浴缸里游泳，这样的形象将会使您更有可能记住要买一只鱼缸。

◎ 系统记忆

系统记忆法也非常有效。您可以从下面的游戏中体会到这一点。看下面这个由字母组成的三角形。把它当作正常的文章阅读，然后合上书，试着把它复制出来。

如果以无数的单个碎片储存信息，那么日后您需要非常费力才能找到您需要的信息。如果您把信息以组块的方式储存，那么提取的时候则会更加迅捷、高效。记两个单词要比记十五个支离破碎、随机的字母要容易得多。就像档案柜一样，如果按照逻辑顺序分成整齐有序的几个区域，那么藏在里面的文件才能够迅速被找到。信息也是如此，只有有组织的记忆才比较容易回忆。当然，不同的人使用的归档系统不同——测试一下最适合自己的系统是什么。

```
S
T     N
A     H     P
E     L     E     Y
T     N     I     A     D
```

◎ 回忆书面材料

无论是对于学习、工作还是业余爱好来说，记住和回想文本的能力都是非常重要的。然而，多数人都不会以自己阅读的方式来组织文章，仅仅二十四个小时之后就有可能忘记 80% 的信息。下次您想记忆阅读材料的时候，不妨运用下面的 BARCS 系统：

休息（Breaks）：

在紧张的学习间歇时不时地休息一会儿，最好是每隔四十五分钟到一个小时休息一次。如果可以的话，最好休息十五分钟，但是任何的休息都比不休息要好。把这看作是必须做的事，而不要把它看作是一种放任。

活动（Activity）：

如果您积极地进行阅读，那么记忆的效率会更高。记笔记、大声朗读、带着文章在花园里走——任何有助于您集中注意力的活动都可以。

复习（Reviews）：

每次休息之后都要复习前一节学习过的内容——仅仅花费几分钟的时间写下您能够记起的东西。

比较（Comparisons）：

拿您的笔记与原文进行比较。任何错误或遗漏都要经过进一步的操练，把它们灌输到您的记忆中去。

强化（Strengthen）：

一天之后、一周之后和一个月之后，花费几分钟时间巩固总结过的材料。您应该会发现，这其中的大量信息都将在长时间内唾手可得。

阅读能力是与记忆力紧密相连的。如果您学会更加高效地记忆事物，您将会发现自己的阅读速度也会加快，而且注意力也更加集中。而时间可能是最重要的——对于学生来说，花费在阅读上的时间越少就意味着有更多的时间用在宝贵的复习上。我们将在后面的章节中进一步讨论阅读能力。

◎ 专心，但也要开心

我们并不能把记不住东西简单归因为记忆力不好。回想可能会因为信息没有在第一时间被吸收或保留而失败。专心对于高效记忆来说非常重要。如果有人正告诉您如何使用一台新电脑，而您的心思却跑到了其他地方，那么您甚至连如何开机也别奢望记住。

学会集中注意力于重要的细节。与客户初次见面时，默默地不断重复他们的名字，在头脑中记下任何有益的联想。例如与您见面的客户是雷德兰（Redland）女士，那么您可以因为她红润的肤色而把她的名字记住。特征越突出越有助于记忆——依然是越好笑越好！

提高记忆力可以成为一件乐事。您可以迅速取得惊人的成绩。要求快速记住一托盘东西的派对游戏完全是小孩子玩的把戏——把表面上不相关的东西编成一个故事可以把它们牢牢地存放在记忆中。

有些人可以"魔术般"地记住整副扑克牌的顺序。然而，他们所使用的方法很简单：给扑克牌赋予您之后能够以正确的顺序连接起来的身份。例如，您可以把每张牌记作几个运动队的队员。它仍然是把完全不同的形象捆绑在一起从而构成一个集体，就这么简单。

韵律也可以使记忆变得非常有趣。就拿您数年前唱过的儿歌来说吧，您仍然记得它们。您可能发现，押韵可以使书写清单变得毫无必要。或者自己创作充满参考价值的小调，或者使用预先确定的一组重要的词语。对于后一种情形，试着为您的名字的每个字母分配一个单词。例如，如果您的名字是简（Jane），那么就让 J 代表针织套衫（jumper），A 代表苹果（apple）等。然后设法把清单上的每件东西与每个单词以某种方式联系起来，创作出您自己的诗歌，但是您需要把针织套衫、苹果等铭记在您的脑海里——千万要记住哦！

◎ 潜意识的作用

　　潜意识对于记忆有重要的影响。对于任何事物，如果您的大脑把它与恐惧和不安相联系，那么它一定会削弱您的表现。您很可能有过这样的经历，您长期以来一直害怕某种考试，结果从考场出来后，您由于忘记了一个基本事实或原理而觉得自己非常愚蠢。设法花费些时间让自己放松，使自己的头脑做好准备以迎接任何要求健康地发挥记忆功能的紧张情形。查明恐惧的原因可以使您积极地处理它，从而扫除记忆的障碍。充足的准备有利于把恐惧降低到最小程度，从而使您最大限度地发挥自己的水平。

　　做所有事都是熟能生巧——记忆力不锻炼是不会提高的。去超市购物的时候，购物清单也许可以提醒您；但是，您首先必须记住把清单随身带上！如果您花费一点时间正确对待本章所概括的记忆诀窍，那么它们将成为您的又一天性。然后您将会给予您的记忆力应有的信任。人们常说，人脑要比任何计算机都复杂得多。因此，如果您不经常使用和保养它，那么您永远也不能发挥它的最大功效。

◎ 亲眼看看

　　假设您已经记住了刚才所阅读的内容，您的记忆应该已经能够将所学习到的某些知识付诸实践了。完成下面的测试，您会明白上面所总结的记忆技巧有多么简单明了，同时您也有机会设计自己的方法。这里我们故意省略了打分规则，因为您已经确定了您的基本记忆能力水平。这只是个开始，您的记忆力的未来是充满希望的。不久之后，您成绩的提高将会说明一切。

◎ 找出不同点

　　试着完成这个找出不同点的游戏。首先将后页的图片遮盖起来。您的任务是学习本页的图片，尽量注意每个细节，时间不要超过一分钟。然后将本页的图片遮盖起来，看后页那张稍微有所不同的图片。它们之间的不同点有哪些？没有时间限制，但是您的短时记忆会随着时间的延长而衰退，因此一分钟或两分钟之后，差异看上去可能就不那么明显了。

◎ 记忆清单——有时间限制

　　现在想象您在森林深处发现了一只古董箱，里面装满了各种物件。很明显，它在那里已经埋藏了几十年，没有人发现它。兴奋之余，您突然注意到自己已经落后于同伴好远了。于是您拼命地设法记住这些物件，以便您赶上同伴的时候可以向他们叙述您看到的东西。您明白自己只有几分钟的时间，否则您就赶不上同伴了，所以您要集中注意力，看看能够在五分钟之内记住多少东西。

51

◎ 数字谜题

花费两分钟时间记忆下面的数字，然后将其覆盖，设法自己把它复制出来。记住，简单的重复可能对您帮助不大。

2	6	6	1
3	4	2	6
6	3	6	0
4	2	1	8

答案与评析

自我测评

得分评析：

20—33分：您的记忆力似乎很让您失望。您可以从之后提供的建议中受益良多。例如，用书面备份来提醒自己。也许您的生活方式有待改善。您的生活可能过于忙乱，这为您可怜的记忆力增添了太多的压力。

34—47分：您的记忆力似乎非常可靠，但偶尔也会出现失误。学习一些有用的技巧可以帮助您进一步提升记忆力，尤其是在记忆准确度要求很高的时候。

48—60分：祝贺您！您的记忆力确实非常好。您很少忘记事情。这也许是生活方式非常有规律的结果。继续阅读下去，确定还有什么不足的地方，寻找进一步提高记忆力的方法。

54

数字记忆力测试

得分评析（较长数字行）：

1—4 分：差。虽然您现在处于平均水平以下，但是您可以做许多事情来提高您的分数。

5—7 分：一般。您的数字记忆力与大多数人相同。这意味着您还有很大的提高空间。

8—10 分：优秀。您的短时数字记忆力很好。也许您需要看看其他领域的记忆力如何了，例如视觉记忆力。

视觉记忆力

与头部或面部有关的物体

得分评析：

1—7 分：差。之后提供的帮助记忆的建议将为您指明正确的方向。

8—10分：一般。您的视觉记忆很有效率，但是您仍然可以从进一步的练习中受益。

11—12分：优秀。视觉记忆力是您的强项。

55

对应名字与面孔

得分评析：

0—13分：差。要开发您的潜力，您需要学习一些记忆技巧。

14—20分：良好。继续锻炼您的记忆力，争取更大的进步。

21—24分：优秀。您的记忆力好像很擅长处理词语和视觉形象的混合。

56

系统记忆

您不太可能取得很大成功。但是如果您从右下角开始,从右向左仔细看,您将发现三角形中隐藏着词组"dainty elephants"。现在再重现这个字母三角形应该不成问题。

找出不同点

1. 左边图片中女孩的泳装是条纹图案,而右边图片中女孩的泳装是斑点图案。

2. 水桶不见了。

3. 妈妈的墨镜被摘下了。

4. 水面上少了一艘船。

5. 小帆船没有板。

6. 沙堡有一部分不见了。

7. 云彩的形状不一样。

8. 沙滩浴巾的图案改变了。

9. 男孩的金发变成了黑发。

10. 爸爸原来坐在帆布折叠椅上，现在他坐在日光浴浴床上。

11. 海浪现在被罩上了白色的泡沫。

12. 停靠在沙滩后面的汽车不同。

这里您也许发现没有什么特别的方法可用。然而，您可以通过大声描述图像或把个体特征与过去的经历或某些词语相联系来集中注意力。希望您会意识到自己的视觉记忆力还需要提高。

记忆清单——有时间限制

可能用的记忆方法包括穿越一个场景的记忆法；利用韵律，但是时间有限制；把物件与词语或形象联系起来。

数字谜题

建议的记忆方法：对角线的数字为2、4、6、8和1、2、3、4；顶行有两个6，两侧各有一个6。现在只需填空，使得每栏数字之和等于15。

阅读能力

如果没有基本的读写能力，那么每天的生活将会充满无数不可逾越的障碍。精通语言和具备较高的阅读能力将使您获得更多的刺激和回报。继续阅读，看看您的情况如何。

◎ 词汇量测试

找出与下列单词最接近的词义。

1 **polemic**

a. having electric charges

b. extreme cold

c. controversial

d. at a height

2 **fardel**

a. agricultural tool

b. burden

c. remote place

d. obese

3 **objurgate**

a. reprimand

b. cancel

c. replace

d. urge

(4) **extemporaneous**

a. done without preparation

b. at the same time as

c. temporary

d. done in advance

 pilose

a. criminal activity

b. drug addiction

c. covered with hair

d. cheerful

 juvenescence

a. period of study

b. composition

c. state of complete elation

d. immaturity

(7) **voluble**

a. talkative

b. gullible

c. generous

d. overflowing

 julep

a. member of the mint family

b. type of drink

c. encouragement

d. children's game

 anneal

a. heat metal or glass to toughen it

b. treat wound

c. apply protective covering

d. make member of a royal order

 oleaginous

a. prehistoric

b. shiny

c. deceitful

d. oily or greasy

lustrate

a. add extra diagrams

b. perform ritual purification

c. robust fitness

d. enthuse

unguent

a. stilted and hesitant

b. ointment

c. African hunter

d. strong adhesive

65

brio

a. rivalry

b. the "spirit of the age"

c. verve and vivacity

d. arrogance

cabochon

a. rank in the French army

b. type of wheel common in ceremonial carriages

c. polished gem without facets

d. clever trick

15 **cicerone**

a. person lacking courage

b. conductor of sightseers

c. heat-loving insect

d. ancient temple

  16 **rondo**

a. piece of music

b. Italian pasta dish

c. lively dance

d. poem of 10 or 13 lines

 17 **tamarin**

a. evergreen tree

b. musical instrument

c. tropical fruit

d. South American monkey

mettle

a. conductor of heat

b. courage

c. interfere

d. weld together

 sibilant

a. with a hissing sound

b. close family relation

c. family reunion

d. ecstasy

 eclogue

a. environmental study

b. short poem

c. position of the moon

d. general discussion

◎ 做一回侦探

您的任务是找出下列每组单词中与其他单词不同类的一个。

①
a. skivvy

b. servant

c. slave

d. factotum

e. employer

②
a. independence

b. freedom

c. coercion

d. liberty

e. licence

③
a. deviate

b. digress

c. branch out

d. decelerate

e. divaricate

④

a. initiate

b. procrastinate

c. delay

d. put off

e. postpone

⑤

a. vigilance

b. observation

c. watchfulness

d. inertia

e. invigilation

⑥

a. curiosity

b. zeal

c. nonchalance

d. officiousness

e. interest

⑦

a. enormous

b. infinitesimal

c. gigantic

d. capacious

e. immense

8

a. cornea

b. indigestion

c. nausea

d. anaemia

e. meningitis

9

a. depict

b. illustrate

c. draw

d. resent

e. sketch

10

a. lingo

b. dialect

c. idiom

d. parlance

e. auditory

11

a. versatility

b. ambidextrousness

c. flexibility

d. adaptability

e. conductibility

a. insatiable

b. gluttonous

c. vivacious

d. devouring

e. voracious

71

◎ 快速阅读

研究表明，较快速度地阅读除了节约时间以外，还可以提高学习和记忆的能力。用下面的文章测试您的阅读能力。您需要准备一个有秒针的时钟来计时，还需要一支笔来记录开始和完成的时间。注意按照正常的速度进行阅读——其目的是测试您目前的阅读能力，从而确定您有多少需要提高的空间。

阅读完文章之后做后面的选择题。选择最符合文章内容的一个答案。做测试题的时候不要参考文章。

Eugène Boudin (1824-1898) is renowned for the many beach scenes he painted at Trouville, on the coast of Normandy in France. Coastal themes dominated his prolific output, which included almost 4,000 oil paintings. Having had a childhood strongly influenced by the sea, this lifelong artistic interest comes as little surprise.

He was born at Honfleur, a seaside town where Eugène's father Leonard had followed the tradition of countless Honfleur men before him by becoming a sailor. Leonard Boudin began his apprenticeship for the navy at the tender age of 11, later acting as a gunner in battles on the high seas against the English. He then swapped his bullets for a fishing rod, and began to earn a living fishing for cod. After eight years of marriage, Louis-Eugène was born on the 12th of July, 1824.

Early Promise

Leonard Boudin's many years at sea enabled him to take charge of a small vessel trading between Rouen and Honfleur. His talented son was soon on board working as a cabin boy, and passed the time during breaks from his tasks by sketching. Even from a young age, Eugène Boudin was uplifted and inspired by life on the water.

Following a move to Le Havre in 1835, where his father took up a new shipping job, Eugène began to attend a school run by priests. Here, his artistic talents flourished. At the age of 12, however, this came to an abrupt end when Leonard decided to curtail his son's education and the boy began work as a printer's clerk in Le Havre. He then moved on to a job in a stationer's, where he worked his way up and became the owner's secretary. Despite offering little prospect of further promotion, Eugène received a gift from the owner of this stationer's that would have a vital influence on him: his first paintbox.

A New Era Dawns

In 1838, the development of steamship traffic at this time enabled Leonard to find work on a steamer called *Le Français,* which frequented Honfleur and Le Havre. Eugène's mother also took to the seas, working as a stewardess on steamships in the area. Yet neither his parents' occupations, nor his early experience on the ocean, stimulated any desire in Eugène to follow a similar path. Instead, he formed a partnership with a foreman who had also worked for Lemasle, the stationers at which Eugène had previously been employed. This partnership gave birth to a new stationer's shop, and allowed Eugène to enjoy the work of visiting artists whose pictures they framed and displayed.

The personal contact that Boudin maintained with these artists and their work made him determined to become a painter himself. Despite words of warning offered by the artist Jean-François Millet about the precariousness of such a profession, Boudin carried on regardless. After arguing with his partner Jean Archer, in 1846, Boudin left their shop to embark on a life devoted to the art he loved. It was this powerful devotion alone that would keep him going through the difficult years that lay ahead.

The Lure of the Sea

The hypnotic magic of the open water came to rule Boudin's otherwise miserable struggle to survive, and he often worked in the open air, overlooking the sea. Extremely modest sales of his work were enough to fuel his passion for painting, and his passion to learn more about the great masters.

Le Havre's offerings were limited—what Boudin needed to quench his thirst for knowledge was Paris, with its museums and stimulating artistic life. A year after ending his partnership, Boudin's scrimping and saving paid off and he arrived in Paris. What awaited him was not the land of his dreams—survival in the city was, in many ways, more of a struggle than the provincial life that he was accustomed to. Boudin did, however, spend endless hours studying the paintings he so revered, which taught him a great deal but also filled him with despair at what he saw as his own inadequacy. This despondency would remain with him throughout his artistic life.

Any travel was a large undertaking for a man so attached to his native land. Boudin's trip around Belgium and northern France was purely the result of a certain Baron Taylor, whose interest in art led him to run several societies that helped aspiring artists who needed financial support. This support helped all of the parties concerned: while Boudin toured around displaying his work, he sold lottery tickets in aid of artists in a similar situation to himself.

Recognition at Last

Boudin continued to paint — seascapes, still lifes and copies of works by the great masters. His copies proved to be particularly profitable, largely due to commissions from Baron Taylor. His efforts were finally put on show properly for the first time in 1850, after his return to Le Havre. The exhibition enabled him to sell two of his paintings, bought by the purchasing committee of the art-loving society responsible for organizing the exhibition in the first place. It was from this society that Boudin received a grant of 3,600 francs, over three years. After remaining in Paris up to 1854, he was finally able to leave the confines of the capital to return to the pleasures of Le Havre, free to embark on his future career.

◎ 理解

 a. Boudin produced 4,000 pieces of work.

b. Boudin created just under 4,000 paintings on a coastal theme.

c. His total output included almost 4,000 oil paintings.

 a. Before departing for Paris, Boudin enjoyed an extravagant lifestyle.

b. Boudin saved for a considerable time before leaving for Paris.

c. A grant funded Boudin's first trip to Paris.

77

 a. Eugène Boudin's first job was at sea.

b. Eugène Boudin trained as a gunner.

c. Eugène Boudin started work when he was 12 years old.

 a. Lemasle provided Eugène with his first set of paints.

b. Eugène's father was responsible for his first encounter with the world of painting.

c. Eugène was given his first box of paints while at a school run by priests.

⑤ a. Boudin's first exhibition took place in Paris.

b. The first significant exhibition of Boudin's paintings was in Le Havre.

c. Boudin never had a proper display of his work.

⑥ a. Leonard Boudin worked on the first steamship.

b. Leonard Boudin found work during the rise in the use of steamships.

c. Leonard Boudin helped develop the use of steamships.

⑦ a. Eugène was always confident about his work.

b. Eugène continually criticized his own work.

c. Eugène became known as an art critic.

⑧ a. Much of Eugène's work stemmed from his study of the sea.

b. As a young man, Eugène dreamed of a career on the waves.

c. Eugène preferred to work indoors.

⑨ a. Baron Taylor purchased Eugène's early still lifes.

b. Eugène's three-year stay in Paris was financed by Baron Taylor.

c. Eugène was commissioned by the Baron to make copies of works by the great masters.

a. Eugène's father emulated many previous Honfleur seamen.

b. Eugène was born in Le Havre.

c. Eugène was born in Trouville.

　　据估计，世界上有大约 40% 的成年人不会阅读。阅读不仅仅是认识一些符号的问题，它还是我们处理信息的一个组成部分，使我们阅读词语的速度比说词语的速度要快——我们的眼睛要比我们的舌头更迅速（大家都有过这样的经历）。

◎ 控 制

大致来说，语言的处理是由大脑左半球控制的。在这个半球之内，又有专门的区域负责不同类型的语言处理。额叶负责处理写和控制声音。大脑后部的顶叶受损会引起失读症（读字困难）。位于耳朵附近的颞叶和顶叶的外层控制着我们对听到的话语的理解力。损伤这两个区域会致聋——如果发生在儿童身上，那么学习阅读将会变得非常艰难。

◎ 阅读的过程

　　高效率的阅读可以拓展我们的理解力和词汇量，然而差劲的阅读方法和读物选择会大大妨碍我们的进步。尽可能快地集中注意力于阅读常常会把握不住阅读材料的意思，可能需要重新开始。理想的阅读方法需要运用认真、深思熟虑的略读策略。例如，初步浏览一番可以使读者对文章有个大致的了解，从而使大脑能够集中注意力到主题上来。就像剧烈运动之前需要热身一样，大脑也一样。

◎ 眼睛说明一切

　　不同的阅读方法常常与眼球运动有关联。研究表明，阅读需要连续不断的停止与开始的快速循环；目光突然聚焦于一批文字上，然后再突然投向下一批文字。大脑喜欢成组块的信息，而不喜欢零碎的单个信息，因此一眼能够注意的词语越多，学习起来就越容易、越迅速。

　　通过有效的略读所获得的总的看法对您的理解和回忆能力有重要的作用。没有特定的略读方法——目光可以垂直、水平以及成对角线在页面上移动，专注个别关键词、短语和标题。一页可以浏览二至二十秒钟不等。每个人都有自己独特的速度和方法，其优点也各不相同。

　　或许最重要的是，略读可以减轻许多人在阅读新东西时的恐惧感。没有了这种感觉，您就没必要均等地关注每个单词，这样您的大脑就可以轻松许多。接下来的阅读越轻松，整个阅读过程的收获就越大。

◎ 灵活是关键

　　无论您的阅读速度如何，一个优秀的读者需要有灵活的方法。复杂的文章显然需要进行更多的研究，需要慢慢地读，不能略读和跳读。有研究表明，对于这样的文章，阅读速度快的人与阅读速度慢的人具有差不多相同的进度。

　　高效率地记忆和回忆书面信息最主要的是理解，而不仅仅是能够机械地模仿、重复。如果您的理解力很强，那么您的大脑将敏锐地聚焦于主题，您也将更容易快速地阅读。有效理解和高效率阅读的基石是：

· 把单个词语和句子与整个上下文联系起来的能力。

· 为了保持和集中您的兴趣，您可以休息、整理笔记、参考其他文章、通过与其他您更感兴趣的主题联系起来使进展缓慢的材料更容易理解。

· 时不时地停下来以保持旺盛的精力。

　　阅读可以使我们的教育更加令人神往，使我们的世界充满乐趣——但前提是您要学会积极地阅读，带着好问的精神去阅读，把阅读作为开阔视野的跳板。

　　您可以用各种各样的方法来提高自己的阅读能力。

85

◎ 充分利用您的日常阅读

　　报纸是非常重要的阅读材料。它不仅可以帮助我们扩大词汇量，还可以提高我们快速阅读的能力。深入研读不同种类的报纸可以让我们更多地了解不同风格的语言，同时也可以增加我们的兴趣。浏览一份报纸可以帮助您确定符合您兴趣的文章的位置，使您能够把注意力集中在紧密相关的内容上，丢弃那些不相关的内容。

◎ 提高您的速度

　　大概了解了您的阅读速度之后，您可以制定一个自我完善的计划。例如，选择一篇大约一千字的文章。看看您读完需要花费多长时间，然后写一篇简单的总结来测试您的总体理解力。尽量诚实地进行自我评估，否则您从这个练习中不会有任何收获。根据下面的方法计算出您每分钟的阅读速度：用文章的字数乘以 60，然后除以您阅读所用的秒数。适当数量的练习应该可以把您的阅读速度提高大约 100 字 / 分钟。

◎ 测试您的浏览能力

　　以下练习的目的是测试您浏览重要信息的能力，从而增强您的理解力，并提高您的阅读效率。您的任务是浏览每一行，首先看一眼第一组字母，然后在这一行中标出与它相同的一组。字母数将逐渐变多。一个节拍器可以帮助您保持速度——以您浏览第一组字母的节奏为准。随着浏览过程的深入，设法保持这个节奏，这样可以帮助您在给定的时间内扩大眼睛所能够吸收的字数。

BA	GU	BC	ST	IN	LK	BA	AA
OJ	LP	TG	BC	SE	OJ	QJ	BR
CT	IP	CT	EY	KB	FG	TH	NO
LF	YU	BU	LF	UB	DY	IH	BK
VT	VT	KI	CT	IU	PV	EJ	OG
UI	HD	TB	LK	OG	CR	UM	UI
DE	YU	JU	KI	DE	SG	KU	OL
MO	DT	MO	RT	UH	MV	DE	YG
CX	TE	JH	JI	CX	KT	CT	EC
OT	GT	UI	BF	TD	OT	NU	OP
CV	GT	CV	JY	IJ	OM	LP	DW
KP	HU	TE	PK	KP	RT	VD	IN
CT	ES	WI	UN	HO	PL	BC	CT
BY	UI	JN	BY	ER	OJ	LN	CT
VY	IO	FT	PO	JH	CT	WS	VY

UO	TF	ER	VT	DY	UO	KH	DT
PO	PN	UT	FY	IN	PO	HY	ER
NU	TY	MI	OP	MV	FT	ED	NU
BU	TI	OP	MI	YU	BU	DT	BY
VY	ER	VY	UO	JO	PL	MU	YU
BYT	CRU	OPK	BNT	UIO	TYD	BYT	UIM
VHI	FTY	VSR	EDI	KOM	VHI	DTW	QAU
MOL	BYR	MOL	PHI	TBD	YUI	NOF	GHI
WXT	GUE	WAI	HUB	WXT	UBI	MOP	HIM
EUT	IUY	EUT	GON	BIE	EUF	YBI	UIO
BJD	YRU	DFG	IOU	NUI	VHT	DRT	BJD
LPB	UTD	CTS	HIM	LPB	CTE	UGM	NIT
NIB	HUI	DTE	CUG	NIB	PKT	DEA	JIB
YTE	MIT	UI	HFR	YTE	CFT	LOP	YUI
VTY	UIO	VTY	RSE	YTU	HJI	NPO	MIG
CTY	UIO	JNR	ERT	VJU	CSE	RTF	CTY
IOH	CTE	UIV	SJW	TFA	IOH	OPB	CRA
GYM	KOI	VZE	GYM	VUS	WQA	VRI	OPL
NID	RYG	NIA	WQE	RCG	IOM	NID	PLF
VUE	KOP	LFE	ZPO	VUE	ASU	REL	BUI
NZE	RTY	IGS	BOP	LMV	STQ	UOI	NZE
QRT	UYF	BHU	PAS	LGR	WQD	QRT	UIV
BDT	GUA	BDT	OPG	UTW	DFC	BZH	JUO
CAR	CAR	TYU	CGQ	IGS	PLN	ETU	CAT
MKE	UTV	HSM	MKI	VHA	TEC	MKE	IUB

MAOW	VYSE	YYJV	MAOW	UYRV	MOPD	GTEH	NIPL
BIDT	FTEY	NUIO	MODE	UYIB	BIDT	YUIN	MPLY
SDWR	YUIO	JCEN	NJOM	NSTR	KOPB	MODT	SDWR
MPLD	UITB	XDRW	YUIB	MKOR	YUIJ	MPLD	REWY
CSTW	ITHB	VGIR	CSTW	HJIM	MPLH	UIOD	ETUB
NUOM	JHGD	RYUV	NUIE	NUOM	KPLG	TYIC	EYYC
BUET	HUIP	BUET	DEAU	IJFO	MIFT	ECSU	INFT
MPLG	YRWE	BHIP	MOPD	RTUO	MPLG	YUID	RTUV
BUTE	IOHN	TETY	BUTE	TYIF	JKKR	RTUV	NOIY
VDTE	TYUB	NIOF	TYIU	NOPF	VDTE	TYIB	MIOO
NDAN	RTIJ	BHIL	PFTW	RUVJ	NDAN	KOPL	NCTT
OPLM	TPKG	AHUI	OPLM	VTSR	TYUO	MOJU	FTUO
BHDQ	YIIB	GIUM	VYUO	BUSE	YUON	BHDQ	OKMG
PCZE	TUOB	CJOR	OMVB	TDEY	PCZE	IONF	WRUJ
FALK	IOGD	GTAF	UFAK	LUIU	FALK	OPHC	EOHF
VHIF	GYTI	BHRE	OIHF	JTEF	LKUH	VHIF	IOKH
HDEI	OPKV	DSHE	TUIB	HDEI	OPLM	VSIH	KYVL
UPAI	UPAI	MKOF	EROB	CTSR	YIOJ	BAGU	OMAK
LJST	YIHB	LJST	HUOO	NCTW	TYIB	MKSY	OPNC
BAJI	YUOK	BGST	UPKN	BAJI	PLBD	TUOB	GHAJ
CEWIQ	OPKLC	CEWIQ	LNVK	STUMD	VUSWD	TRUGF	BIDMF
MSIFO	VGJOD	JBHUS	TYUKH	GHHTR	MSIFO	FGHJT	DRFUI
AVGHJ	TINBM	FTUUY	GHUIO	AVGHJ	OPOLM	GYUIU	VTYEJ
BUDTE	BHILJ	VBHYR	HIUJN	KLIPO	VHGUR	HJIOM	BUDTE
VHUIO	KOOPJ	DFTTR	NKOLK	VHUIO	PLVGY	RTJIO	CGHJK

ADFTT	UOIJK	MLKOI	ADFTT	UOINV	GYIOK	BHJTR	IOONF
KGUYR	HGUIM	GHJUY	TYTFJ	IOIHH	RTUYB	KGUYR	BVHUT
FAJDE	TYIKM	VHJKM	RTIOC	FAJDE	YIUON	FKJYM	FHTHM
LVGSD	YUIHV	KIOUI	FTIUB	LPFES	LVGSD	YIOKG	RTIJF
AMOPH	GHUII	NJAIU	YUIOK	AMOPH	DRQWT	PIREV	NJIUT
SGUAI	YGERI	OPJHF	SGUAI	PLMGR	UIOMF	BTGYO	BHTJM
NAGSH	KOLIU	HJSKA	HJIUY	IOIMN	NAGSH	UOJMN	GHJAY
LSNXH	YUIOS	BNJSY	KYIAO	BHJSU	LSNXH	UIAOM	SGETQ
ANSHR	TYAIO	NBSFT	TAIJN	ANSHR	UIOSK	BBBSG	JAJYS
OITFS	HTYEW	RYUOA	OGABS	HSYRS	OITFS	NHGSK	OPPAN
ERLAE	HSOAM	HGSYK	ERLAE	JOPMF	PAFST	YUIOS	BAHJO
SJDHF	SJDHF	UIOPK	SKYRE	JIOMG	FAVHJ	KLPOO	BFSTY
LANSH	JIOIT	GTYJN	KOOGR	LANSH	UIOPK	BFRTY	NGHOK
IWTQY	MAHST	JHQHG	IWTQY	IOISH	NMAJS	NNSJS	USIOA
JSHWW	JSHWW	YYIOP	JLFSW	QDTUO	NFSTT	YUIOK	GSFSK

　　您自己也可以运用字母、数字或其他符号设计类似的测试。另外，您可以试着浏览一篇文章，寻找一个特定的、常见的词语。有意识的快速阅读和高效率的浏览一定会在不付出大量努力的情况下提高您的能力。

◎ 扩大您的词汇量

　　市面上有许多扩大词汇量的书，其中有无数类同于本章自我测试部分的测试题。然而，这类测试中的词汇一般没有上下文。充分利用各种书籍、报纸和杂志进行更广泛的阅读将帮助您拥有更正确、更丰富多样的词汇量。

　　写作的时候，案头放一本普通词典和一本同义词词典。它们将为您打开语言的宝库。通过查词典可以减少拼写错误。通过查词典，您的大脑可以充分吸收字母的形状、大小和数量。在内心玩弄一番单词，创造出它在您大脑中的身份。用这种方法刺激您的大脑还可以帮助您重新记起各种各样以前学过但已经遗忘的词汇。

　　当您手头上没有词典的时候，了解一些常见的拉丁语、希腊语和英语的前缀和后缀对您始终是很有帮助的，因为它们可以让您有根据地猜测词义。下面简单列举了一些这样的词缀。

前缀和例词	前缀意义	后缀和例词	后缀意义
<u>ab</u>-stract	away from	enjoy-<u>able</u>	capable of
<u>ad</u>-jacent	next to/towards	cardi-<u>ac</u>	pertaining to
<u>an</u>-aphrodisiac	not/without	advant-<u>age</u>	action/locality
<u>ante</u>-date	before	annu-<u>al</u>	pertaining to
<u>anti</u>-freeze	opposing/against	abund-<u>ance</u>	state/action
<u>arch</u>-angel	principal	pleas-<u>ant</u>	causing/performing action
<u>auto</u>-biography	self	secret-<u>ary</u>	dealing with/
<u>bene</u>-volent	well		place for
<u>bi</u>-focal	twice	anim-<u>ate</u>	cause to be
<u>bio</u>-logy	life	arti-<u>cle</u>	indicating smallness
<u>cent</u>-enary	one hundred	wis-<u>dom</u>	power/condition
<u>centi</u>-grade	one hundredth	wax-<u>en</u>	made of
<u>circum</u>-ference	around	kitt-<u>en</u>	small
<u>com</u>-pose	together/with	acqu-<u>eous</u>	pertaining to
<u>con</u>-tain	together/with	sing-<u>er</u>	belonging to
<u>contra</u>-vene	against	conval-<u>escent</u>	steadily becoming
<u>de</u>-compose	reversal	coni-<u>ferous</u>	bearing
<u>demi</u>-god	half	fanci-<u>ful</u>	full of
<u>dia</u>-meter	through/during	beauti-<u>fy</u>	to make
<u>dis</u>-like	reversal	widow-<u>hood</u>	state/condition
<u>ex</u>-hale	out of	rept-<u>ile</u>	capable of being
<u>extra</u>-sensory	outside/beyond	redd-<u>ish</u>	relationship/similarity
<u>fore</u>-see	before		

前缀和例词	前缀意义	后缀和例词	后缀意义
hemi-sphere	half	scept-ism	state/system
homo-logous	same	pharmac-ist	one who does
inter-act	between	hepat-itis	medical: inflammation
intro-spection	inside/into	capabil-ity	state/quality
mal-evolent	bad	civil-ize	to make/act
mega-lopolis	great	gut-less	free from/lacking
micro-dot	small	socio-logy	doctrine/knowledge
mis-fit	wrongly	amuse-ment	state/act of
mono-logue	sigle/one	thermo-meter	measure of
non-sense	not	matri-mony	condition
ob-struct	in the way	vigil-ance	state/condition
para-graph	beside/near	vigil-ancy	state/quality
per-forate	through	cub-oid	resembling
peri-meter	around/about	conduct-or	one who/thing which
poly-gon	many/much		
post-orbital	after	verb-ose	full of
pre-eminant	before	garrul-ous	full of
pro-vide	before/in front	tele-scope	aid to sight
pseudo-nym	false	censor-ship	state/office of
retro-active	back/backwards	trouble-some	full of/like
semi-breve	half	young-ster	one who/association
sub-editor	under/beneath		
super-sonic	above/over	fanta-sy	state
syn-thesis	with/together	percep-tion	abtract state
tele-cast	distant/far	apti-tude	state/degree of
trans-atlantic	across/beyond	glob-ule	small
ultra-marine	beyond	back-ward	direction
uni-lateral	one	clock-wise	direction/manner
vice-president	in place of	murk-y	condition

设定切实可行的阅读目标，经常进行阅读，您应该会从不断的练习中获得很大的进步。不断地挑战您的大脑——它需要有营养的东西，而不是垃圾食品。

答案与评析

词汇量测试

答案：

1. c　2. b　3. a　4. a　5. c　6. d　7. a　8. b　9. a　10. d

11. b　12. b　13. c　14. c　15. b　16. a　17. d　18. b

19. a　20. b

得分评析：

0—5分：差。这几年您可能有点懒惰——现在把扩大词汇量作为您的头等大事，不久之后您将会有很大改变。

6—10分：一般。您也可以从更广泛的阅读和知识中受益。

11—15分：良好。但是要继续努力。

16—20分：优秀。

做一回侦探

答案：

1. e　2. c　3. d　4. a　5. d　6. c　7. b　8. a　9. d　10. e
11. e　12. c

得分评析：

6分或低于6分：差。但这只是意味着您还有很大的提高空间。

7分或8分：一般。可以接受的范围——继续努力。

9分或10分：非常好。您有大量可以自由支配的词汇量。

11分或12分：优秀。但是您对自己的词汇量从来都不知足。

快速阅读理解

答案：

1. c　2. b　3. a　4. a　5. b　6. b　7. b　8. a　9. c　10. a

得分评析：

低于7分：您可能没有集中注意力，或者是您读得太快了。

7分或以上：您的阅读理解力很好——但它还可以更好。

计算您的阅读速度：

1. 用文章的字数乘以60。这篇文章的字数是840，因此
840 × 60 = 50400。

2. 50400 除以您阅读这篇文章所用的秒数。

　　所以，如果您的阅读用时为206秒，那么您的阅读速度就是每分钟245字。

得分评析：

　　每分钟 245 字是一个非常一般的分数。当然，每分钟大约 200 字也可以凑合，但是每分钟 600 字就卓越超群了。

数字理解能力

◎ 自我测评

　　下面的测试将用到基本的四则运算——加、减、乘、除。您可以利用这个机会来测评一下您的数字能力。您有九十分钟时间来做这些题目。自我测评之后，继续阅读后面的内容，看看如何在生活中让数字为您服务。

❶ 在问号处填入正确的数字，完成这一组计算。

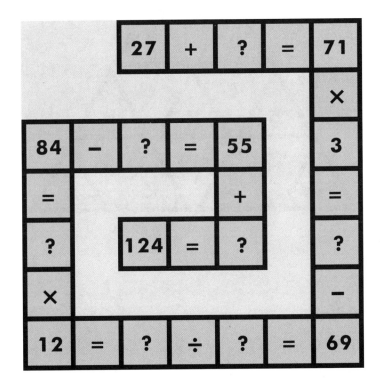

❷ 一天，桑德拉外出购物为出差做准备。她买了12盒比利时巧克力，每盒的售价为7美元。她递给收银员一张金额为100美元的钞票。然后她把找零放进钱包里。钱包里已经有7张50美元的钞票和7张1美元的钞票。买了4张每张售价为33美元的电影票之后，桑德拉还剩余多少钱？

❸ 仔细观察这些三角形，用正确的数字替换字母。

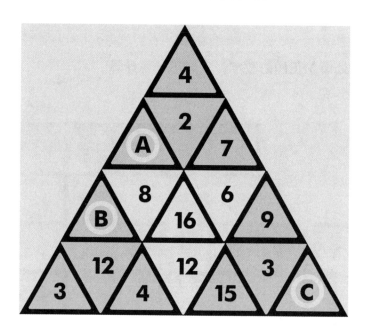

❹ 如果：

A是B的三分之一

$A = 3 \times C - 4$

$B = 8 + 5 \times C$

那么C的值是多少？

⑤ 如果每条狗每5秒钟吃一块饼干，那么7条狗吃49块饼干需要花费多少时间？

⑥ 下面每个序列的下一个数字应该是什么？

    a. 160, 40, 10, ?

    b. 7, 22, 67, ?

    c. 68, 36, 20, 12, ?

    d. 145, 134, 122, 109, ?

    e. 33, 24, 34, 23, ?

⑦ 问号处应该填入什么数字？

⑧ 亚当斯一家开车去看望他们的亲戚。如果他们以60英里每小时的速度开了20分钟，以75英里每小时的速度开了3个半小时，最后25分钟以40英里每小时的速度开，其间他们停了2分钟问路，那么他们总共行驶了多远的路程？

9 用2个或3个基本的数学四则运算将下列序列中的数字分开。

a. 2 2 2 2 2 = 66

b. 4 4 4 4 4 = 55

c. 7 7 7 7 7 = 22

d. 6 6 6 6 6 = 11

e. 3 3 3 3 3 = 66

10 如果Q是36的平方根，P是Q的一半，那么P的值是多少？

11 在一个生日宴会上，每个孩子都得到了一些巧克力。宴会上共有6个5岁的孩子、6个6岁的孩子和6个7岁的孩子。如果每个孩子得到的巧克力数是他们年龄的3倍，那么一共分发了多少巧克力？

12 第三个天平的右边放上什么符号可以使它保持平衡？

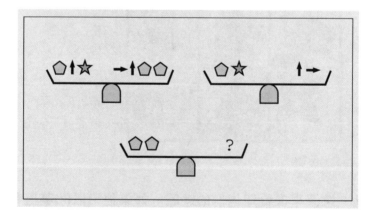

13 如果Z是8的平方，Y是Z的四分之一，X是Y的3倍，那么X是多少？

⑭ 某所学校平均每天有5%的学生旷课。在这所学校里，每班24个学生的班级共有3个，每班27个学生的班级共有4个，每班32个学生的班级共有5个，那么平均每天有多少个学生上课？

⑮ 某个星期六早上，一只钟表的正确时间是9:30，然后就开始走快了，每小时多走4分钟。当钟表显示的时间为下午5点钟时，实际的时间应该是几点？

⑯ 研究下面的3个金字塔，确定问号处应该填入的数值。

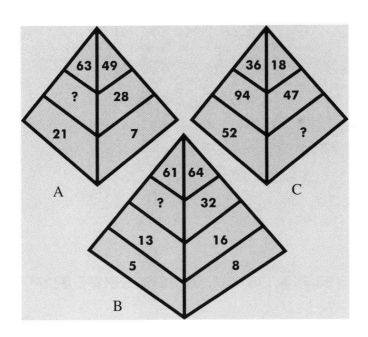

⑰ 贾妮每年1月1日都为她孙女的储蓄账户存200美元。年利率为10%，12月31日结算。那么到第三年的1月2日，这个账户上的钱有多少？

⑱ 如果8M – 3N = 29，5N – 13 = 32，那么M的值是多少？

⑲ 周末举行了一场课桌制作比赛，来自这个地区南北各队参加了比赛。制作这些课桌需要胶水。如果15支北方队中60%得到了胶水，20支南方队中55%得到了胶水，那么有多少支队伍没有胶水？

⑳ 根据第一、第二张图片，确定第三张图片少几只鸟？

㉑ 如果4R = 6S = 8T，7R = 42，那么S和T分别等于多少？

㉒ 一个立方体游泳池要换水。水深正好5英尺。如果每4分钟水平线下降3英寸，那么需要多长时间才能够把游泳池的水放完？

乘法让我烦恼，
除法也同样糟糕；
比例运算法则让我困惑，
练习令我发疯。

（无名氏）

面对满纸数字时，您是否会感到害怕？不要担心，并不是只有您一个人有这种感觉。即使是受过良好教育的文化人也会对数字感到恐惧。不久之后，您将发现这些恐惧多半是毫无道理的。

做完前面的自测题之后，您可能已经发现其中的许多题目要比看上去容易许多。就拿购物的那道题目来说吧。删去烦琐的文字，剩下的就只有一些基本的数字，只需运用简单的运算就可以得出答案。

与数字打交道，最重要的是要记住：

·不要害怕

·把事情简单化

无论是做类似的题目，还是处理大堆的文件，或计算自己的可支配收入，都要尽可能使数据简单化、逻辑化。

◎ 设置障碍

　　我们从很小的时候就开始经历各种数字的狂轰滥炸。作为孩子，我们可以很轻松地发现某种游戏六个部分中的一个不见了，或者计算出我们的零花钱少了多少。在捉迷藏的游戏中，我们高高兴兴地数到较大的数字。然而，当数字与学习和工作联系起来之后，我们以前轻松的想法改变了。

　　一旦我们由于一个粗心的数学运算错误就受到批评，那么害怕继续犯错常常会给我们设置一个有关数字的心理障碍。这种害怕无疑会妨碍我们的进步，造成对这一学科的厌恶，抵触学习。

　　我们不能低估自己大脑的能力。对于电脑，您可能惊奇于它处理复杂计算的速度和能力；但是，如果没有人类大脑的能力，创造一台今天的电脑是不可能的。这样一台机器的体积将是异常巨大的，就连说明书也一样！因此，下次再遇到几页计算题的时候，对自己要有信心，不要总是伸手去拿计算器——利用这个机会锻炼自己的大脑。练习会让您很快发生改变。

◎ 让数字为您服务

　　尽管数学会让我们"烦恼"，但它确实能够简化我们的生活。数字常常能够更直观地表达比较复杂的思想。因此，您根本不会处理数字问题的想法是完全不合逻辑的。我们打开电视或广播时，常常会听到新闻中长篇大论地描述公司的业绩，而这些描述可以用图表更简洁地表达出来。当然，我们可以对数字和统计数据进行加工，为人们留下更为深刻的印象——因为多数人都害怕数字。因此，不要认为他人的计算是理所当然之事——要小心！

　　从古代建造金字塔到最近的计算机技术，数字始终在人类的生活中起着重要的作用。每次进步都有可能带来更多的好处，所以要努力使数字为您服务，不要总是一味地回避。

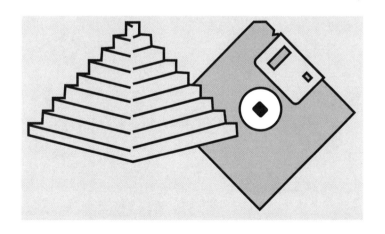

做还是不做——这是个问题。仅仅通过阅读是不可能精通任何层次的数学知识的。信心十足地处理数字需要练习和实践。如果这个想法让您感到紧张，那么在尝试之前不要轻易拒绝。稍加练习就可以产生令人振奋的结果。与任何游戏一样，开始玩之前，您都需要了解它的规则。

下面是一些帮助您进行基本数学运算的建议。至于对您有多少帮助，完全在于您自己。

◎ 乘法和除法

提到"乘法表"，是否会激起您童年的一些不愉快记忆？是否能让您记起上学时永无休止的重复和考试？如果是这样的话，不要绝望。乘法在日常生活中非常有用。例如，圣诞节纵情购物的时候，您需要计算单价为 7 美元的 6 盒巧克力需要花费多少钱。您很可能会非常快速、正确地解决这些必要的计算，因为没有老师的监督，也没有人催促您说出答案，没有人嘲笑您的错误。如果您花费时间，重视心算的必要性，那么您对乘法运算很快就能习以为常。

我们在下面提供了一个乘法、除法表供您在进行简单的运算时参考。沿着一个数字所在的栏向下，直到遇到另一个数字所在的行就得到这两个数字的乘积。所以，6 盒单价为 7 美元的巧克力的总价为 42

113

栏

行	2	3	4	5	6	7	8	9	10	11	12	13	14	15
2	4	6	8	10	12	14	16	18	20	22	24	26	28	30
3	6	9	12	15	18	21	24	27	30	33	36	39	42	45
4	8	12	16	20	24	28	32	36	40	44	48	52	56	60
5	10	15	20	25	30	35	40	45	50	55	60	65	70	75
6	12	18	24	30	36	42	48	54	60	66	72	78	84	90
7	14	21	28	35	42	49	56	63	70	77	84	91	98	105
8	16	24	32	40	48	56	64	72	80	88	96	104	112	120
9	18	27	36	45	54	63	72	81	90	99	108	117	126	135
10	20	30	40	50	60	70	80	90	100	110	120	130	140	150
11	22	33	44	55	66	77	88	99	110	121	132	143	154	165
12	24	36	48	60	72	84	96	108	120	132	144	156	168	180
13	26	39	52	65	78	91	104	117	130	143	156	169	182	195
14	28	42	56	70	84	98	112	126	140	154	168	182	196	210
15	30	45	60	75	90	105	120	135	150	165	180	195	210	225

美元。对于除法，沿着较小数字打头的栏向下，直到遇到被除的较大数字，那么这一行打头的数字即答案。因此，如果要把 72 英寸长的木头分成 8 英寸的小段，那么就沿着 8 开头的栏向下，直到遇到 72，72所在行的开头数字是 9，所以一共可以分成 9 段。但是，如果是把 90英寸的木头分成 8 英寸的小段该怎么办？找到以 8 开头的栏向下最接近 90 的数字（88），结果可以发现一共可以分成 11 段，剩余 2 英寸。

有时候，不用乘法表或计算器，问题反而可以更迅速地得到解决，尤其是处理数字 5 和 10 的问题时。例如，如果您想买 10 个单价为 4.50 美元的笔记本，那么您将花费 45 美元：

$$4.5 \times 10 = 45$$

小数与 10 相乘，只要把小数点向右移动一位即可。如果您处理的是整数，那么只需要加一个零就可以了：如果有 10 盒笔，每盒盛放 12 支，那么总共有 120 支。

除以 10 的时候，只需要去掉一个零（如果有的话）或者把小数点向左移动一位即可。如果处理的是诸如 45 这样的整数，那么可以把它看作是 45.0，这样小数点的位置就清楚了。

当处理数字 5 时，提醒自己它只是 10 的一半。因此，如果乘以 5，那么就在相关的数字后加一个零，或者把小数点向右移动一位，然后再除以 2。5 本单价为 4.50 美元的笔记本需要花费 22.50 美元。

$$4.5 \times 10 = 45$$
$$45 \div 2 = 22.5$$

　　要把 120 支笔分给 5 个人只是一个常识问题——将 120 乘以 2 然后除以 10。知道如何处理一个数字与 10 相乘的问题足以让您知道如何处理有关 5、10 以及其他相关数字的乘法和除法。下面总结了一些这样的数字。对于除法，遵循同样的过程，只不过需要颠倒一下顺序。

与下面的数字相乘：	需加多少个零：	然后再除以（乘以）：
5	1	2
10	1	1
20	1	（2）
25	2	4
100	2	1
1000	3	1

◎ 分数

　　无论是把一块蛋糕分成均等的几份，还是理解报纸上报道的统计数字，您每天都可能与分数打交道，只是您不太注意罢了。只要您了解规则，分数是很容易处理的。

◎ 乘法

您可记得上学时学过的分数乘法规则？即使您不记得，您仍有可能凭直觉知道该怎么做。如果要把一块蛋糕分成 2 份，您需要把它切半；如果要把它分成 4 份，您需要把它切成 1/4。因此，您显然知道一半的一半是 1/4。用数学式来表达就是：

$$\frac{1}{2} \times \frac{1}{2} = \frac{1}{4}$$

这只是应用分数乘法规则的一个简单的例子：两个分数相乘，将横线上面的数字（分子）相乘，横线下面的数字（分母）相乘即可。这个规则适用于所有的分数。例如，3 个朋友中的 2 个要分剩余 3/4 的蛋糕：

$$\frac{2}{3} \times \frac{3}{4} = \frac{6}{12}$$

然而，这里的分数 6/12 还可以被简化。如果横线上下的两个数字分别可以除尽同一个整数，那么就可以删除这个整数，从而把这个分数简化。这是因为，分数的两个部分乘以同一个数时不会改变分数的值。所以：

$$\frac{6}{12} = \frac{6 \times 1}{6 \times 2} = \frac{1}{2}$$

117

◎ 除法

只要知道一个小窍门，处理两个分数相除的问题就变得非常简单了。只要把一个分数的两个部分交换一下，然后与另一个分数相乘就可以了。例如两块大小不同的蛋糕，一块蛋糕的 $1\frac{1}{2}$ 倍是另一块蛋糕的 3/4：

$$\frac{3}{4} \div \frac{1}{2} = \frac{3}{4} \times \frac{2}{1} = \frac{6}{4} = 1\frac{1}{2}$$

◎ 加法和减法

两个分数相加，如果分母相同，那么只需要将分子相加即可得出答案。道理很简单，把破碎的两半盘子粘在一起就成了一只完整的盘子。用数学式可以表示为：

$$\frac{1}{2} + \frac{1}{2} = \frac{1+1}{2} = 1，而不是 \frac{1+1}{2+2} = \frac{2}{4} 或 \frac{1}{2}$$

我们已经知道，将一个分数的两个部分乘以同一个数字不会影响分数的值。因此，要使两个分数线下面的部分相同，可以将一个分数的两个部分分别乘以另一个分数的分母。这听上去可能有点难以理解，但如果用数学式表达出来，这个过程就清楚了：

$$\frac{1}{2} + \frac{3}{4} = \frac{4 \times 1}{4 \times 2} + \frac{3 \times 2}{4 \times 2} = \frac{4+6}{4 \times 2}$$

$$= \frac{10}{8} = 1\frac{2}{8} = 1\frac{1}{4}$$

一旦您克服了对分数无谓的害怕之后，从上面的例子中，您可以发现用文字表达的复杂问题可以变得如此简单。

◎ 百分比

分数可以很容易地用百分比来表示。百分比是整体的一个部分，这个整体就是100。我们不断遭受着百分比的狂轰滥炸：降价25%大甩卖；67%的考试通过率；一个城市有8%的失业人口。因为百分比听上去如此重要，所以许多人对其感到害怕。但是，百分比实际上只是衡量信息的一种方式，目的是让您了解正确的情形。

要把分数转化为百分比，只需把它乘以100就可以了。所以，如果有3/4的学生通过了法语考试，那么您就知道：

$$\frac{3}{4} \times 100 = \frac{300}{4}$$

这说明75%的学生通过了考试，或者说每4个学生中有3个通过了考试。因此从逻辑上讲，如果把一个百分数除以100，就可以得到相应的分数：

$$75\% = \frac{75}{100} = \frac{3}{4}$$

当牵涉到百分比的计算时，最根本的是要把它转化为分数，而不是仅仅省略百分号。否则，您得到的数字要大得多！

◎ 折扣

商品特价销售时，您常常会碰到百分数。如果一台洗衣机的原价是 450 美元，现在降价 12%，那么要计算出买这台洗衣机可以节省多少钱，您只需要：将原价除以 100，然后再乘以这个百分数，或者：

$$12 \times \$4.50 = \$54$$

要知道您要支付的金额，从原价中减去 54 美元即可得出 396 美元。

如果您只是想知道最终价格，您可以把原价乘以 100 减去给予的折扣：

$$100\% - 12\% = 88\%$$
$$\$450 \times 88\% = \$396$$

每次处理分数或百分数的时候，要记住这里"的"代表"乘以"之意。

所以 200 的 88% 就是：

$$\frac{88}{100} \times 200 = 176$$

◎ 价格加百分比

要计算包含有百分比的价格，例如要为商品的价格加 20% 的税收，那么可以按照下面的程序做。

按照前面的方法计算这 20%，然后把它加进原价中。如果您随身携带了计算器，或者您想加点难度，那么可以把原价乘以 1 加这个百分数除以 100。

那么，价格为 80 美元的一件工具加上 20% 税收的最终费用可以这样得出：

$$\$\,80 \times 1.2 = \$\,96$$

◎ 正数与负数

您坐下来计算自己目前的财务状况时，总要用到正数和负数。您要支付的任何账单都是负数，您的收入是正数。然而这两个数常常被混淆。正数距离零越远，其值就越大；负数距离零越远，其值就越小：-1000 小于 -10。

如果您有两张账单要支付，一张是 70 美元，另一张是 45 美元，那么您总共要支付 115 美元。所以，两个负数相加仍然得负数。用数学式来表示即：

$$(-70) + (-45) = -115$$

（注：用括号是为了避免混淆）

但是，如果您有一张 70 美元的账单，而您挣了 100 美元，那么很明显，结清债务之后您还剩余 30 美元：

$$(-70) + 100 = 30$$

用这种方法，您可以看出，如果正数数字比负数数字大，那么结果就是正数，反之亦然。

例如，如果发现 70 美元的账单中有 30 美元被多收了，那么您必须从 70 美元中拿走 30 美元，结果只需支付 40 美元：

$$（-70）-（-30）=（-70）+30=-40$$

现在您还可以发现两个负号是如何成为正号的。也许它要比最初看上去简单。

◎ 生活中最简单的事情

在本章的自我测评部分，您是否被那些烦琐的文字问题吓住了？如果是这样，您要振作起来，因为您知道常识和逻辑像数学知识一样有用。考虑下面的问题，您能迅速给出答案吗？

1. 上司要您粗略地估计一项调查的结果。这项调查是关于每周有多少青少年看电视的时间可能少于 25 个小时。如果被调查者中有大约 30% 的人每周看电视的时间超过 25 个小时，而 420 个青少年中的 3/4 接受了调查，那么您给上司的回答是什么？

不要害怕！粗略地估算就可以了。试着从后向前推算：420 的 3/4 大约是 300，30% 大约是 1/3。因此，300 个青少年中大约 100 个看电视多于 25 个小时。合理的回答应该是：

$$300 - 100 = 200$$

2. 您的时间安排得很紧。您在一个项目上花费了 5 个工作日的 2/3 时间，大约完成了 15%。您认为比较复杂的后半部分工作将花费两倍的时间。您认为总共需要花费多少周才能完成这个项目？

如果 15% 的工作量只用掉了一周的 2/3，那么前 50% 大约等于这些时间的 3 倍，需要 2 周时间。所以后半部分工作需要花费 4 周时间，那么这个项目总共需要大约 6 周时间。

◎ 独立完成

现在根据前几页的提示，试着独立完成下面的题目。

1. 您继承了远房叔叔遗留下来的一笔财富的一部分。这笔财富共包括：3 份不动产，每份的价值在 150000 美元；4 辆汽车，每辆价值大约为每份不动产的 1/3；还有股票，价值刚好在 150000 美元左右。如果您有权继承 12%，那么您将继承的一份大约值多少钱？

2. 您要大致弄清楚生活持续到月底需要多少现金。您现在的结余是 250 美元，但您有一张信用卡账单要在月底支付，金额为 250 美元的 2/5，那时候您将有 1250 美元的工资进账。然而，您总是把工资收入的 25% 存入储蓄账户。您认为能够花的钱大约是多少？

答案与评析

自我测评

答案：

1. 27 +（44）= 71 × 3 =（213）− 69 =（144）/（12）= 12 ×（7）= 84 −（29）= 55 +（69）= 124

2. 241 美元

3. A = 14，B = 9，C = 5

依次考虑三个较大的三角形，每个都被分成四个较小的三角形。将每个大三角形顶点的数字与其底边小三角形内的数字相乘（顺时针方向移动），然后除以下一个底边小三角形内的数字，结果等于中央小三角形内的数字。

4. C = 5

5. 35 秒

6. a. 2.5（四分之一）

　　b. 202（×3，+1，或 +15，+45，+135）

　　c. 8（二分之一，+2，或 −32，−16，−8）

d. 95（−11，−12，−13）

e. 35（−9，+10，−11，+12）

7. 22

猫 = 4，老鼠 = 7，狗 = 9

8. 297.8英里

9. a. 22 × 2 + 22 = 66

b. 44/4 + 44 = 55

c. 7 + 7 + 7 + 7/7 = 22

d. 66/6 − 6 + 6 = 11

e. 33 × 3 − 33 = 66

10. 3

11. 324

12. 一个朝上的箭头

13. 48

14. 323

15. 下午4:30

16. A = 42（每边向上加21）

　　B = 29（左边数字 + 右边数字 = 左上角数字。左边数字 + 3 = 右边数字）

　　C = 26（右边数字是对应左边数字的二分之一）

17. 662美元

18. 7

19. 15

20. 6（每朵云彩2只鸟；太阳3只鸟）

21. S = 4，T = 3

22. 1 小时 20 分钟（80 分钟）

得分评析：

0—14 分：非常差。但是稍加努力，您就会有很大的进步。

15—20 分：一般。您已经有了一个很好的开端，继续努力！

21—26 分：良好。您显然已经找到了处理数字的正确方法。

27—32 分：优秀。

独立完成

答案：

1. $3 × 150 + 4 × 50 + 150 = 800$。总的财富价值大约为 800000 美元。

   12% 大约等于 $\frac{1}{8}$，大约等于 100000 美元。

2. 2/5 × 250 = 100。所以支付了信用卡账单之后大约有 150 美元的现金。1250 美元近似于 1200 美元；它的 75% 是 900 美元。剩余大约 900 美元 + 150 美元 =1050 美元。

创造力

灵感突然闪现的那一刻是美好的。这一刻要么是解决了某个麻烦的难题，要么是迸发出一个创意。创造性思维可以使您的人生之路充满更多的快乐，少去许多麻烦，多些成功。做完下面的自测题，看看您的创造力如何。后面有得分评析。

◎ 与物体有关的思考

考虑下面的一组物体。每个物体都有它特定的用途，但您的任务是尽可能地想象出其他更多的用途——越不寻常越好。例如，一艘潜艇当然是在海里工作，但也可以用作科学实验的孵化箱。用五分钟时间考虑每个物体。自由地进行拆解、重新整理、填充、转移到一个不曾想过的环境之中……

134

① 一只空录音带盒子

② 一只档案柜

③ 悉尼歌剧院

④ 长颈鹿

⑤ 隐形眼镜

⑥ 脚手架

⑦ 洗涤剂容器

⑧ 电吉他

⑨ 埃菲尔铁塔

⑩ 火星

◎ 形象游戏

下面的短语可以让您想起某种视觉形象。您需要说出与此形象对应的三个短语。您有三分钟时间为每个形象找到最恰当、最具创意的对应短语。

例：

被释放升空的气球

对应：

a. 漂浮在海面上的小树枝

b. 刑满释放的囚徒

c. 面对一张空白画布的画家

现在尝试这些：

① 从直升机上观看一场网球比赛

② 谈话中途失声

③ 猛然一声雷鸣

④ 爬梯子

⑤ 听到火警

⑥ 潜入海中

⑦ 破败不堪的房屋

⑧ 排去浴缸里的水

⑨ 鱼缸里的金鱼

⑩ 在微风中翻动的书页

◎ 讲故事

如果您对文字更感兴趣的话，您会发现下面的任务可以更好地测试您的创造力。要求您创作一篇简洁、通顺的记叙文，三百字左右。无论记述事实还是进行虚构，只要有意义就可以了。听上去很简单吗？好，您还有一项小小的任务——在您的文章中必须包含下面的东西。时间由您来把握——这是放飞您想象力的机会。

需要包含的东西：

1. 牙刷
2. 野兽
3. 战争
4. 长途旅行
5. 个人灾祸
6. 水
7. 长时间的通话
8. 挣钱
9. 学习新技能
10. 美术馆
11. 一桶奶油
12. 一本字典

13. 警察局
14. 巧遇
15. 蜡烛

◎ 描绘

　　下面是另一道测试您视觉想象力的题目。

　　花一分钟时间学习下面的图形，尽可能多地列举每个图形所代表的东西。

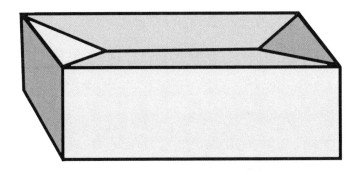

　　无论创造力被解释为创造出全新的理念，还是被解释为用一种新方法把旧的理念联系起来，它都是许多人所崇拜并希望获得的东西。创造力的本质和源泉似乎有点神秘。没有人能科学地说明它的起源。许多科学家说，对创造力的确切理解始终是一个谜。

◎ 创造力是什么？

　　有些研究表明，高水平的创造力与另一种典型的神经系统的工作方式有关，而与其结构无关。也许正是因为这种不确定性才使得各种创造力不断地涌现。如果"规定"了创造力的确切本质，那么各种有趣的思想可能会被扼杀。

　　然而，有些因素是肯定会影响创造力的。我们知道，逃脱旧思想与传统观念的束缚是产生新想法的关键——谁说汽车必须有四只轮子？过去的经验和知识可以帮助我们，常常可以防止我们犯错误，但它也能妨碍我们尝试新的思考方法。小孩子常常不会受到规则的约束——因为他们对许多规则还一无所知。

139

◎ 早期影响

童年在决定我们未来创造力的水平方面起着重要的作用。每个人都有创造力，因此从早期就开始培养这种能力可以为以后的人生带来很多好处。早年有很多培养创造力的机会，如果鼓励孩子积极利用这些机会，加以探索，在以后的人生中注定会有很多回报。如果父母时常把自己的观点强加给孩子，那么执拗的孩子会有抵触情绪，从而形成他们自己的观点。像智力一样，创造力通常也会持续到老年——它甚至可以延长生命。但是，智力不一定与创造力有关。与创造力有关联的基本能力并不独特，实际上非常普通：注意、回想、辨认。然而，如何使用这些能力是产生创造力的关键。

◎ 忍耐力

良好的创造力主要是持续努力和持续激励的结果。它并不是什么神奇的能力——您不可能一夜之间成为爵士乐钢琴演奏大师！技能与智力同等重要。重大的创意不可能不经过十几年的努力积累就出现。因此，神童不会凭空突然就获得自身的能力——他们只是比其他人起步得早罢了！这种不懈的动力常常源于永无止境的好奇心、喜欢探索的天性，以及一种强烈的要突破先辈的愿望。

信心是很重要的一个因素。有了它才能具备打破传统的勇气。我们知道，我们这个时代中的某些最伟大的发明和思想在当初被提出来的时候常常被认为是疯子的想法。

141

◎ 即兴表演

对于没有明显线索的问题，如果您即兴给出解决方案，那么这肯定是一种创造性思维。然而，这显然需要大量的知识和经验——纯粹的创造力来自学习，但创造力是不可能学会的。创造力产生于什么时候、什么地方，又是如何产生的，这些都是不能够进行科学预测的。突然闪现的灵感好像不知道来自哪里，虽然它可能是大脑潜意识作用的结果。因此，创新思想的产生是一个发展变化的过程。最初与问题的遭遇可能不会有什么结果，但是它会使您的大脑不受限制地思考这个问题。这样就有可能出现那灵感一闪的瞬间，最终以对此灵感的理性评价而结束。接下来要做的事就是劝说其他人相信您的奇思妙想！

总而言之，无论其能力如何，没有谁可以正好在适当的时间想出一个恰当的主意。但是，一个人的总体创造力仍然有可能保持相对稳定。

◎ 创造力的混乱

　　创造力有时会与表面看上去有创新的思想混淆，但实际上这些思想遵循的是一个教科书模式。例如，编一首现存的乐曲，这里选一点，那里编一点，这样表面上看这首乐曲是新的，但根本不是创造。我们有许多规则要遵守，小到组织一个句子，大到建造一栋房屋。许多人只是简单地修饰这些规则，而不是创造出自己的规则。

　　无论是用于精通某项活动，还是仅仅用于高效地处理日常事务，有创造力的头脑都可以提升许多其他精神追求。例如，创造力可以提高您的回忆能力。当以一种非同寻常的、带有个人倾向的方式接触一道题目时，大脑常常可以更快地提取信息。有创造力的人通常喜欢询问、比较好奇。在探询的过程中，兴趣和动机异常活跃，常常有进行更深探究的愿望。

◎ 让人理解您的思想

　　创造力固然好，但是如果您不能让他人相信您的才智，那么您的创造力很可能无人知晓、无人欣赏。人们可能不具备理解您思想的必要知识，或不愿意接受新思想。因此，问题常常不在于创造力，而在于不能够把思想传达给您周围的人。

◎ 考验

　　如果给予施展的空间，创造力可能会持续一生。有意识地保持肯定会使您的创造力发挥出最高的水平。如果您积极地面对新问题，思考如何解决它，而不是简单地放弃，您的创造力将会更容易发挥。但耐心很重要——创意需要时间去孵化、成长；不可能您一打响指，创造力就魔法般地出现。

◎ 动机的功劳

因为创造精神需要时间和机会来培养，所以我们不能够期望谁能在一生中定期地想出好点子。如果您专注于自己喜欢做的事情，而不是集中注意力于自己感觉应该做的事情上，将有助于您创造力的发挥。尽量专注于一个有限的领域，不要蜻蜓点水似的涉猎各个学科。倾注精力于您感兴趣的领域可以使您的大脑能够处理需要大量时间和精力才能出结果的信息。

如果动机来自内部，而不是来自外界的影响，那么它就有可能发挥作用。例如，如果是因为真正喜欢某事，而不是仅仅因为它能带来多少回报，那么创造力将会在更深程度上得到挖掘。然而，您所处的环境也有重要的作用。如果感觉放心，能自由探索，那么常常会有奇迹出现。另外，虽然我们不应该太受他人要求的束缚，但是他人的支持和赞扬将会对我们创造力的发挥有重大影响。

◎ 旧的与新的

　　您可能将创造力理解为创造出新的东西，但最好的开始是尽可能多地了解已有的思想，然后再着手新的。一定程度的科技知识可以使您的大脑接触大量的新思想，激发您以前从未有过的想法。从不同的角度看待已有的信息，有助于您脱离安全、尝试过和检验过的思想。

　　不要让他人的消极反应干扰您的创造欲望。尽力了解和发挥您真正的优势和才智。这可以大大增强您的自信。自信和冒险是构成创造力的精髓。观察您的周围，看看哪些他人创造出来的东西可以引导您去仿效。

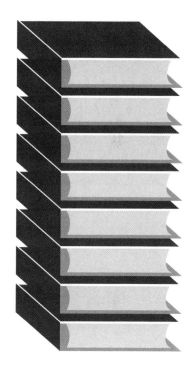

147

◎ 突破束缚

　　按照您自己的主张迎接每一次对创造力的挑战。设法突破现有的束缚，提出自己对每项任务的解释。太多的时候人们会把自己限制在解决问题本身，而不是大胆地走出去，超越问题本身。我们用下面的练习来阐释这一点。您可能熟悉这道题目。要求您一笔用四条直线把这些点连接起来，中途不能够把笔从纸上拿开。后面有参考答案。

◎ 头脑风暴

头脑风暴在提高创造力方面有重要的辅助作用。您可以独自进行，也可以与他人一起进行。当您集中精力处理一项具体的工作时，试着写下进入大脑的任何想法和联想——无论它们有多奇怪。在一张白纸的中央写下相关的问题，然后再发散开来，形成一个网络。用这种方法，您可以产生更多的想法。如果您与他人一起进行，您可以大声发表自己的看法——可以玩词语联想游戏等。头脑风暴本身不需要持续很长时间，但每个想法的延伸可能需要花费一些时间。

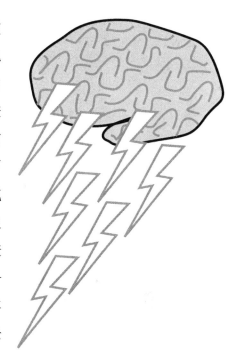

149

无论是独自思考还是与他人讨论，您都要让自己保持放松，让思绪保持流畅。不间断地说，说出想到的任何事情，激发大脑不断迸发新的想法。无论您说出的话是否包含有用的思想，都没有关系——您要明白，即使智者也有失误的时候。

◎ 在头脑风暴阶段，不要：

· 担心您说的话是否符合语法，或语言表达是否优美。

· 感觉您必须证明每个想法的合理性——在早期阶段，您想到的事实会证明一个想法的合理性；经过深思熟虑之后，您会发现需要驳斥可能的反对意见，但在头脑风暴阶段做此事尚早。

边体验边完善您的想法，而不要做联系或稍后把它们写下来。想和说同时进行可以使思绪更流畅，逐渐充分发挥其潜力。无论您选择的工具是笔还是画笔、是音乐还是科学，积极的方法和毅力有助于获得最大的成功。让他人去设定条件和限制吧——告诉自己不行只会增加障碍。不要做自己的敌人！

答案与评析

与物体有关的思考

得分评析：

　　只有您自己或者一个没有偏见的志愿者，才可以评判您的答案。下面是一个一般性的指导：

0—4分：差。您可能需要更加放松，从而使您的创造力更流畅地发挥。

5—8分：良。您显然习惯于从各种角度看待事物。

8分以上：优。

形象游戏

得分：

　　根据下面的标准给自己打分（或请一位负责任的朋友帮忙）：

0分：没有作答，或答案不恰当或不相关。

1分：答案恰当，但无新意（例子中的答案a）。

2分：答案恰当，而且比较有新意（例子中的答案b）。

3分：答案恰当，而且非常有创意、富有想象力（例子中的答案c）。

评析：

0—40分：差。同样，如果您放松，不去寻找"正确"答案，您将感觉容易许多。

41—65分：良。您有非常好的创造潜力，但您常常限制这种潜力的发挥。再大胆一点，冒险一点。

66—90分：优。

讲故事

得分：

　　您还可以请那位朋友帮忙！从 15 分开始，漏掉一个东西扣一分。根据下面的几条标准采用 5 分制给每项打分：

a. 文章的流利程度和清晰程度

b. 故事的趣味性和娱乐性

c. 思想的创新程度和想象力水平

评析：

0—16分：差。您的创造力有待提高。

17—23分：良。现在看看您的创造力能发挥到什么程度。

24—30分：优。

描绘

得分评析：

对于每个图形：

0—3个解释：差。

4—6个解释：良。

7个或更多解释：优。

突破束缚

解决这个问题时，许多人都把直线限制在了正方形本身；要解决这个问题就需要打破正方形边界的束缚。记住，当面对挑战时，不要总把自己限制在一个圈圈之内。

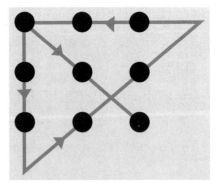

决策能力

　　对还是错？做还是不做？去还是不去？我们每天都有太多的决定要做，小到从哪一侧下床（如果您的床贴近墙就容易多了），大到买一座房子。用下面的自我测评来检测一下您的决策能力如何。当然，这还需要您决定是否要进行检测。

◎ 自我测评

想象您处在以下的各种情形之中。您的任务是选出您认为自己最有可能做出的反应。要诚实——您是唯一的判官。

❶ 您登门拜访邻居。当主人问您是否喝点什么时，您会说：

　a. 随便吧。

　b. 来一杯咖啡。

　c. 不了，谢谢！

❷ 您的室友说他想做一顿特别的晚餐，问您想吃什么。您会：

　a. 问冰箱里有什么。

　b. 说由他做主。

　c. 给他看一份具体的菜谱。

❸ 您打算和几个朋友一起到国外待几周。当有人问您愿意去哪里时，您会：

　a. 说您不知道，或仅仅说出想到的第一个国家的名字。

　b. 建议去一个朋友或同事去年去过的地方，因为他们说这个地方很美。

　c. 查找各种宣传册，然后再提出您的建议。

❹ **您和一些朋友正在筹划周六晚上到哪里去。您决定：**

　　a. 组织这个晚会，并且打电话给聚会地点，详细了解他们的服务。

　　b. 附和他人的决定。

　　c. 随口提出几个建议。

❺ **购物回来之后，您发现买的一件衬衫领子下面有一个洞。您会：**

　　a. 直接把它退还。

　　b. 记在心里，等以后什么时候再处理。

　　c. 把它归因为自己运气不好，让它在您的衣橱里烂掉。

❻ **您现在的婚姻关系很不好，不知道如何解决。您会：**

　　a. 等等看会发生什么事情。

　　b. 与您的配偶坐下来严肃地谈一谈如何解决问题。

　　c. 收拾行囊搬出去。

❼ **一天晚上在家，邻居弄出的噪声让您几乎发疯。您会：**

　　a. 花费很长时间考虑是否去投诉，最后噪声自己停了下来。

　　b. 与您的室友达成一致意见，最好让他/她去投诉。

　　c. 决定再容忍二十分钟，如果仍然无法容忍的话，您亲自去投诉。

❽ **一位工作上的朋友突然为您提供了一份更有挑战性的工作。您会：**

　　a. 立即试图了解更多。

　　b. 立即拒绝，因害怕改变而继续从事您目前的工作。

　　c. 推迟做出选择，要求给您时间认真考虑一下。

⑨ 您又一次发现自己很难打开大门的锁。您会：

　　a. 提醒自己下周叫一个锁匠来。

　　b. 略微有所抱怨，然后就忘记了，直到下次又发现自己很难进屋。

　　c. 宣称您再也不能忍受这种情况了，立即把它解决掉。

⑩ 当您与家人在家里坐着时，电话铃响了。您会：

　　a. 立即站起来去接电话。

　　b. 问是您去接还是他人去接。

　　c. 等待有人叫您去接。

⑪ 您打开房门，结果是一个推销员，他立即就向您推销东西，而这东西您真的不感兴趣。您会：

　　a. 告诉他您不感兴趣，然后关上门。

　　b. 装模作样地说您不是很确定。

　　c. 结果被劝说购买了许多您从来用不着的东西。

⑫ 您需要处理工作中出现的一个问题。这个问题需要做大量的调查。您会：

　　a. 希望它自然解决。

　　b. 开展详细的调查，确定问题的原因，并且采取适当的行动。

　　c. 草草地处理一些表面症状，而不去挖掘根源。

⑬ 听到一系列奇怪的声音之后，您怀疑隔壁房间被盗。您会：

　　a. 立即报警。

　　b. 恐慌。

　　c. 告诉别人您的怀疑，让他们采取行动。

⑭ **您为买一辆车存了好长时间的钱。那一天终于到来了，但您发现自己在两种型号之间徘徊。您会：**

　　a. 问销售员的建议。

　　b. 投硬币决定。

　　c. 最终自己挑选一辆。

⑮ **您要为参加姐姐的婚礼挑选一双鞋子，结果发现两双鞋子您都很喜欢。您会：**

　　a. 两双都买，然后在那天决定穿哪一双。

　　b. 决定不了选择哪一双，结果空着手回了家。

　　c. 理智地选择您认为最值得购买的一双。

⑯ **慷慨的姑妈问您要什么生日礼物。您会：**

　　a. 说由她来定——您想不出什么特别的东西。

　　b. 最后想出了您真正喜欢的东西。

　　c. 说出几件您比较喜欢的东西，让她选择。

⑰ **您与美发师约定的时间到了。您想改变一下发型。最终，您会：**

　　a. 让您的美发师决定。

　　b. 只是要求再次修剪一下。

　　c. 详细地描述自己想要的发型。

⑱ **您盼望已久的假期到了，您不确定要做些什么。您会：**

　　a. 着手起草一个行动计划，并且坚持执行。

　　b. 终日懒散在家。

　　c. 得过且过。

⑲ 有关新厂的选址问题正在讨论之中。当要您发表意见时，您会：

　　a. 选择一个好像大家都欢迎的地方。

　　b. 列一张单子，详细说明每个地点的好处，然后据此做出决定。

　　c. 选择距离您家最近的地点。

⑳ 忙碌了一个周末寻找公寓，最后您把选择缩减为三个。您会选择：

　　a. 景观最好的一套公寓。

　　b. 没有任何结构问题的一套公寓。

　　c. 配备有地毯的一套公寓。

㉑ 您感觉非常劳累，希望早早地睡觉。突然一个朋友打电话邀请您和她一起去参加一个晚会。您会：

　　a. 礼貌地解释说您已经决定待在家里了。

　　b. 请您的朋友半小时后再打电话来，那时候您将做出决定。

　　c. 违背自己的意愿，接受邀请。

㉒ 您接受邀请外出野营，但当那一天到来之时，您害怕去的人不好相处，于是您不愿意去。您会：

　　a. 还是去，希望消除恐惧。

　　b. 打电话取消。

　　c. 去，但带着游戏机，若谈话不投机可以自己玩。

㉓ 公司让您做出一个重大决定。您有权接触详细的数据和民意调查结果。您会根据什么来做决定？

　　a. 从可利用的数据进行推断，虽然您感觉对于这些统计数据的理解不够透彻。

b. 他人的建议，因为您不想惹别人不高兴。

c. 您自己的判断，把任何您发现不清楚的地方解释清楚。

㉔ **一位朋友发现厨房被水淹之后慌慌张张地给您打电话。您会：**

a. 尽力不让自己慌张，立即跑去帮忙，但在匆忙之间忘了带上水桶。

b. 问她是否打电话叫了管道工，先给她一些安慰，然后再去帮忙。

c. 说："您认为我能帮您什么吗？"

㉕ **填写问卷的时候，您常常会：**

a. 在"不知道 / 不确定"选项前打勾。

b. 明确地回答"是"或"不是"。

c. 问身边人的意见。

㉖ **您要去参加一场拍卖会。主办方承诺说有许多好东西可供选择。**
您会：

a. 为自己的花费设定一个上限，并且遵守这个限制。

b. 最后买了许多废品，尽管您的本意是好的。

c. 空手而归——您似乎总是错过机会。

㉗ **当您在空旷的道路上快速开车前行时，您注意到车的引擎发出奇怪**
的声响。您会：

a. 照常继续前行，直到抵达目的地，希望声音会自己消失。

b. 稍微慢下来，认真听一会儿，然后继续行驶，找地方寻求帮助。

c. 恐慌之下几乎酿成交通事故。

㉘ **您在考虑去上夜校。浏览了一些课程之后，您会：**

a. 考虑了可能的好处之后，最后决定上您真正感兴趣的一门课程。

b. 感到非常迷茫，结果把课程清单放到一边，但当您要去选择的时候，发现已经过了报名时间。

c. 您的朋友劝说您和他上同一门课程，结果您就同意了。

㉙ **公司要求您所在部门的每个成员根据公司提出的不同问题写一份报告。问题已经被列了出来，您要从中选择一个您最感兴趣的问题。您会：**

a. 在他人做出决定之前，冲向前要求第一个选。

b. 等到最后，等大家都选好了之后。

c. 由于大多数问题还没有人选，所以考虑选择您最了解的问题。

㉚ **您突然意识到自己丢失了一块价值不菲而且很有意义的手表。您会：**

a. 恐慌。变得非常紧张，继而指责您周遭的人移动或偷窃了它。

b. 先让自己放松，然后进行仔细的寻找。

c. 希望日后它会自己出现。

目前还没有研究指明大脑负责判断和决策的确切区域，尤其是凭直觉和内心感受做出的决策。在某些"决定"中，大脑甚至没有进行有意识的参与。例如，手指瞬间从发烫的表面上拿开，这是我们众所周知的反射性反应。在做出一些重要的下意识的"决定"的时候，例如为了求生，据说神经系统内同样的传导会对我们的情感有影响。在这种情况下，我们的行为方式主要是由一系列连续的决定支配的，而这些决定需要更多有意识的思考。决定的类型有很大差异——小到午饭吃什么，大到裁去成百上千名员工。您给予每种类型决定的关注度肯定是不同的。

◎ 承担责任

　　人们只有在最有必要的时候，才会做出决定。因此，无论是在家还是在工作中，您的责任越大，您需要解决的困难就越多。良好的决策常常需要明确的目标。如果公众访问数量有限，那么在一块非常便宜的土地上建造一家新超市注定是徒劳的。

　　一个决定很少被相关方认为是理想的——对于一方有利的决定可能对另一方有害。明智的决定要确保总体利益比付出的成本大，并且要做出某种经过深思的妥协。

◎ 决定做什么决定

　　处理问题的方式可以确定决策的方向。可以立即采取行动也可以推迟行动，或者是为了防止某种情形发生，或者是稍后纠正结果。行动时头脑敏锐，在问题真正发生之前做出预测，可以大大减轻您的压力，否则将会加大决策的难度。最好的决策与其说是导向完美的结果，倒不如说是充分利用可利用的资源。无论决策有多好，它都不意味着会有奇迹出现。

◎ 影响决定的因素

很明显，您的个性会对您的决策风格有很大的影响。如果您喜欢冒险，您的决定肯定会与那些从来不敢冒险的人的决定大不相同。您的成功率也是如此——高风险常常会带来高收益。自信心也是如此。相信您的直觉和信念，以及接受个人责任，可以使做决定的速度更快。自我怀疑是灾难性的，固执地坚持自己的观点而听不进任何意见也一样糟糕。

您必须决定解决一个问题采用哪种方法最好。有些决策者总是非常迅速地得出答案，然后花费所有剩余的时间来证明这个答案。

　　这样的决策者可能已经把他们的精力更富建设性地导向了对不同选择的评论上。儿童普遍采用的逻辑方法可以证明是非常有效的：如果我做"这"，那么"那"将发生。不幸的是，这种理性的思维链条常常被认为不如瞬时的决策，因为在瞬时的决策过程中，时间的压力使这种考虑过程变得不可能。

　　说了这么多，直觉确实在各种日常决定中起着重要作用。有意识思维的缺失常常使我们很难确切地解释是什么促成了某个决定。但并不能因为您不能够完全解释某个决定就拒绝这个决定。科技的进步越来越强调我们要确切知道做某事的原因，但就日常生活来说，凭直觉做出的决定是非常宝贵的，而且有一种证明其正确的不可思议的趋势。

◎ 天生的才能

　　您天生的创造力对您做决定的方法会有很大的影响。如果您的观点非常狭隘且游移不定，那么您做出有效决定的可能性会很小。独创的、与众不同的观点常常会引起对问题较深刻的理解，从而可以做出最恰当的决定——如果您不理解所出现的各种选择，您又怎么能够选择正确的一个呢？

　　另外一个重要的影响是压力。它会对最成功的决策者造成灾难性的影响。时间的压力、由于疲劳而出现的烦躁、疾病的穿流效应都可以导致错误的判断。由压力所引起的负面情感也会将糟糕的决定变得更糟糕，因为它可以引起您的思维混乱，使您不能够采取正确的行动去改善糟糕的状况。

◎ 最顶级的决策建议

① 　　需要做决定常常是因为遇到了一个具体的问题。确定问题的根源可以提高您对问题的理解，从而使您采取最恰当的行动。

② 　　为了做出合适的决定，要明确两难选择的严重性。反应不足或反应过火都可能造成灾难性的或费时的结局。

③ 　　良好的决定通常源于对全部事实的充分掌握。不要相信可能有误导的统计数字或有偏见的"专家"。

171

④ 　　虽然统计数字可能有误导，但是不要因为害怕数字而抗拒使用它。它对于洞察问题是非常有价值的。如果您缺乏处理它的信心，那么不要害怕，寻求有信心的人的建议。

⑤ 　　在做决定之前，首先确定您希望从此决定中获得什么。确定一个明确的目标有助于您考虑正确的选择并寻求最好的结果。

⑥ 尽可能避免匆忙之中做选择，尤其是在您感觉它会削弱您的判断力的时候。不要为取悦某人而匆忙做决定，可以回答"我回头找您好吗？"或"现在不是时候"。当然，您需要判断您推迟决定是出于责任心，还是仅仅因为您犹豫不决。

⑦ 如果您确实下不了决心，试着写下利弊。您甚至可能发现，决定采取行动的基础很不牢固，根本没有必要做出决定。

⑧ 要有信心做出大胆的决定——不要仅仅为了传统而遵守传统模式。当您不得不面对您选择的结果时，最好还是选择您真正相信的那个。

⑨ 害怕质疑他人的决策会限制您的决策能力。有创新的、独特的处理问题的方法可以促成全新的观点，从而有助于做出更明智的决定。

⑩ 思想开放，愿意从各个角度分析一个决定的根由和效果，是非常有可能获得回报的。集中精力寻求每个人最能接受的解决方案，而不要简单地选择最容易的选择，从长期来看这种选择会是灾难性的。

⑪　　在工作环境中，试图通过讨论解决每个可能的问题是不明智的。决定授权哪些决定、授权给谁，可以产生更好的结果。这可以充分利用不同的人在不同领域内的专业知识，而且还意味着您可以集中全部精力于某些决定上，而不是匆匆忙忙地处理一切。

⑫　　不要害怕倾听他人的选择，但是要避免完全的服从。人们都太想提出自己的建议，但要记住，如果是您的决定，您最终是要为此承担责任的。

⑬　　如果您认为自己没有什么选择，那么头脑风暴可以促使您获得一个可接受的解决方案。这有助于避免徒劳无益的恐慌："救命啊！我要做什么吗？"

173

⑭　　尊重和倾听您的直觉。

◎ 好的决定是否都需要时间？

　　不一定。机智、敏锐的思维比辛苦地花费几个小时考虑各种选择要有效得多。只有您知道什么适合自己。如果您是一个不假思索、果断的人，那么仔细研究面临的每个选择对您来说可能没有什么好处——有可能您已经明白了这些选择。但是，如果您感觉自己的决策过程常常由于犹豫不决而不断地改变主意，那么最好终止这种状况。果断一点，下定决心，然后坚持这个决定。

◎ 好决定与坏决定

好的决定可以使形势变好——这是一个再简单不过的道理了。您可能经历以下过程：

· 明确问题及其原因

· 创造各种可能的选择，评价每个选择的相对好处

· 做一个选择，将其付诸实践

· 监测结果

◎ 充分利用一个坏选择

　　在监测结果的时候，如果您的决定出现了严重的错误，您能做些什么呢？不要推脱责任，也不要让它给您的信心投上什么阴影——这可能是一个很好的学习机会。人们太容易把一个坏结果看作赔本的投资——时间的投资、艰难的反省，甚至是金钱的损失。如果可以的话，设法抢回点东西，但如果完全是一场灾难的话，不要害怕承认这一点，重新开始。不要仅仅因为当初自己花费大量的精力就坚持错误的决定；那样的话，事情只会变得更糟糕。承担责任，尽自己所能让事情回到正常的轨道上来。

176

答案与评析

自我测评

得分：

	a	b	c			a	b	c
1.	0	2	1		16.	0	2	1
2.	1	0	2		17.	0	1	2
3.	0	1	2		18.	2	1	0
4.	2	0	1		19.	1	2	0
5.	2	1	0		20.	0	2	1
6.	0	2	1		21.	2	1	0
7.	0	1	2		22.	0	1	2
8.	2	1	0		23.	1	0	2
9.	1	0	2		24.	1	2	0
10.	2	1	0		25.	1	2	0
11.	2	1	0		26.	2	1	0
12.	0	2	1		27.	0	2	1
13.	2	0	1		28.	2	0	1
14.	0	1	2		29.	1	0	2
15.	1	0	2		30.	0	2	1

得分评析：

0—20分：您似乎不愿意做决定，非常依赖他人的判断。学会相信自己一次。注意不要仅仅为了取悦他人而匆忙做

决定；现在多一点思索会对将来有好处。您可能太顾及他人的意见了——有时候您需要考虑一下自己的喜好。

21—40分：在决定什么对您最好和什么对他人最好的时候，您似乎可以寻求两者之间的平衡。害怕出错也许会妨碍您相信自己的直觉，而且常常会使您倾向于一个安全的选择，而不在有争议的问题上独立行事。注意不要感觉有压力——您的基本决策能力是健全的，但可以通过更全面地考察各种选择而得到提高。如果需要的话，不要害怕征求他人的意见。

41—60分：您明白自己想要什么！您的自信有助于您不顾他人的反对而做出自己的决定。虽然您有可能因此而赢得他人的尊重，但警惕不要太固执己见，完全不考虑他人的建议。总的来说，您能够对形势做出合理的判断，没有必要匆忙做出不正确的决定。

沟通能力

◎ 自我测评

　　不与周围的人沟通是无法生存的。无论是订外卖还是谈判一笔重要的生意，都需要与他人进行沟通。考虑下面的问题，评估您的沟通能力。圈出您认为最恰当的数字：1 表示"同意"，2 表示"有时 / 不能确定"，3 表示"不同意"。

1. 我常常感觉自己想不起来要和别人说什么。

　　　　　　　　　　　　　　　　　　　1　　　2　　　3

2. 当我不同意别人的意见时，谈话常常以争吵结束。

　　　　　　　　　　　　　　　　　　　1　　　2　　　3

3. 我感觉不容易接近陌生人并且难以和他/她攀谈。

　　　　　　　　　　　　　　　　　　　1　　　2　　　3

4. 以前，我感觉人们因为我的形象而对我有偏见。

　　　　　　　　　　　　　　　　　　　1　　　2　　　3

5. 我常常避免目光的接触，尤其是同上级讲话的时候。

　　　　　　　　　　　　　　　　　　　1　　　2　　　3

6. 与外国人讲话时，我总是提高声音和放慢速度以求他人的理解。

　　　　　　　　　　　　　　　　　　　1　　　2　　　3

7. 如果我不认识聚会上的大多数人，我不愿意参加，因为我常常最终独自一人站在那里。

　　　　　　　　　　　　　　　　　　　1　　　2　　　3

8. 我发觉很难说服别人同意我的思考方式。

　　　　　　　　　　　　　　　　　　　1　　　2　　　3

9. 有时我怀疑听我讲话的人不在意我说的话。

　　　　　　　　　　　　　　　　　　　1　　　2　　　3

10. 坐的时候我常常双腿交叉，双臂抱在胸前。

　　　　　　　　　　　　　　　　　　　1　　　2　　　3

11. 我健谈，但不善于倾听。

　　　　　　　　　　　　　　　　　　　1　　　2　　　3

12. 我喜欢谈论自己，却不喜欢问别人问题。

　　　　　　　　　　　　　　　　　　　1　　　2　　　3

13. 如果我在大街上碰到一个不太熟悉的人，我常常等待他/她向我打招呼。

　　　　　　　　　　　　　　　　　　　1　　　2　　　3

182

14. 人们可以接纳我也可以离弃我——我不打算为任何人改变我自己。

　　　　　　　　　　　　　　　　　　　1　　　2　　　3

15. 我真的很害羞，但是陌生人常常会将此误以为是郁闷。

　　　　　　　　　　　　　　　　　　　1　　　2　　　3

16. 我常常会在错误的时间说错话。

　　　　　　　　　　　　　　　　　　　1　　　2　　　3

17. 我喜欢直接进入辩论，而不愿首先酝酿我要说的话。

　　　　　　　　　　　　　　　　　　　1　　　2　　　3

18. 以前我曾经在工作面试中表现得很糟糕，说了半天也不知道自己在说什么，也不知道什么时候停止。

　　　　　　　　　　　　　　　　　　　1　　　2　　　3

19. 在不熟悉的社会情境中，我感到不自在，而且也不知道说什么。

          1   2   3

20. 我常常会在无意中让人心烦，因为我会说出不是我本意的话。

          1   2   3

21. 我不喜欢打电话，因为我感觉被迫谈话时，常常不能够正确表达
我的意图。

          1   2   3

22. 需要传达重要的事情时，我常常不会被提名为发言人。

          1   2   3

23. 如果我委托他人一项工作，结果常常不是我想要的，因为我的指
示不是非常明确。

          1   2   3

24. 我常常随手抓起衣服就穿，而不是认真考虑一下哪件最适合。

          1   2   3

183

25. 我的朋友圈很小，因为人们不大接近我。

          1   2   3

26. 我常常会沉浸于自我的谈话中，而忘记是否有人在听。

          1   2   3

27. 我总是说我所想，而不考虑我的谈话对象是谁。

          1   2   3

28. 我可以和某个人说上数小时，结果离开时竟不知道人家是谁。

          1   2   3

29. 我非常喜欢让他人主导谈话。

          1   2   3

30. 有时我会让人心烦，而不知道原因。

          1   2   3

◎ 会还是不会？

现在考虑下面描述的每个情景，选择您认为自己最有可能采取的行动。（要诚实哦！）

❶ 您在考虑一个颇有争议的计划，希望靠它来加薪，因为这个计划能增加公司的营业额。当您向老板汇报时，您会：

a. 开始自信地解释您的计划，说您认为公司目前的效率很低下。

b. 要求在一个方便的时间提出您的计划，描绘它未来可能的好处。

c. 根本没有提及这个计划，因为您怀疑老板是否会听从您的建议。

❷ 您突然发现自己是房间里唯一讲话的人。这最有可能是因为：

a. 您的谈话和举止引起了大家的兴趣。

b. 您非常沉迷于自己的话，结果没有注意到有人让您保持安静。

c. 其他人都睡着了。

❸ 在一次聚会上，您注意到一个您想交谈的陌生人。为了吸引他／她的兴趣，您会：

a. 由于不好意思自己走过去，因此让主人给您介绍一下。

b. 自信地走向前，并且开始详细地谈论自己的人生经历。

c. 认真地保持目光的接触，在开始谈话之前等待积极的反应。

❹ 一个重要的商务会谈来临了。在准备的时候，您会：

a. 穿上您昨天晚上选好、熨烫整洁的衣服，准备行动。

b. 拿出压在箱底的西服，结果发现没有时间缝补遗失的纽扣。

c. 随便穿一件衣服，只要干净就行。

⑤ 您发现刚买的电视有问题。您会：

a. 回去找零售商或打电话给他们，解释您的问题并且礼貌地要求修理或更换。

b. 问一位朋友是否愿意和零售商接洽，因为您去投诉不会有什么结果。

c. 最后被零售商打发走，自己忍受一台坏电视。

⑥ 在一场激烈的辩论中，您试图转变一位朋友的想法。辩论结尾时，最有可能：

a. 您的朋友在您侮辱了她的信念之后气冲冲地离开了。

b. 你们两个人都认识到另一方说得有道理，但同意保留各自的意见。

c. 您的朋友放弃了她的观点，最终同意了您的看法。

⑦ 在一次周末商务培训中，一个模拟审判要求您为被告辩护，但是您心底里相信他有罪。您会：

a. 表现软弱无力。让陪审团相信是您的无能，而不是被告无辜。

b. 勇敢、自信地进行辩护，紧紧抓住支持您观点的证据。

c. 试图好好辩论，但结果辩论混乱难懂。

⑧ 第一次尝试给可能的雇主留下一个好印象时，您认为最重要的是：

a. 学识

b. 外表

c. 您认识的重要人物

❾ **在一次公开演讲中，您设法说服听众相信您的主张。为了帮助您达到目的，您会：**

a. 遵循理性的思考路线，为了把反对意见减少到最低，逐渐加大证据的力度来证明您的观点。

b. 发表一个经过认真排练的演讲，但结果很糟糕，被提问时感到很慌乱。

c. 演讲的声音越来越响亮，希望您的自信和音量可以掩盖观点的弱点。

❿ **您希望与令人可畏的老板接洽，请求他为您加薪。您会：**

a. 滔滔不绝地谈论为什么应该给您加薪，而不让老板插一句话。

b. 坦率地说出您的要求，下达一个最后通牒，结果适得其反。

c. 礼貌地与老板理论，说出对您有利的理由。

⓫ **一位有声望的电工要为您的房子重新布线，您设法与他谈判价格和条件。您会：**

a. 直截了当地说您认为他的估价不合理，告诉他要么接这活儿要么离开——他离开了。

b. 达成一个双方都乐意接受的折中方案。

c. 任由电工摆布自己，没有反对就同意支付一个较高的价格。

⓬ **有人提出要在您家附近建造一家大型超市。它将严重影响您的生**

活。您坚决反对。您会通过什么方式提出您的顾虑？

a. 向政府官员写一封言辞恳切的信，附在您组织撰写的一份有影响力的请愿书上。

b. 不留情面地挖出提出这个方案的人，歇斯底里地威胁他们说您准备采取的行动。

c. 在建筑队开始动工之前把房子卖掉。

⑬ **在您履行职责的过程中，发现有几个员工要被裁掉。您会：**

a. 推卸责任，企图委派他人告诉他们——您只会说这一切都是个错误。

b. 直截了当地告知这些员工这个不幸的消息，希望坚持事实，而避免卷进太多的个人情感。

c. 尽可能友好地告诉他们这个消息，尽己所能地说一些安慰的话。

⑭ **您的一个室友有一个很恼人但可以避免的习惯，它让您很烦恼。您会：**

a. 给出一些无法克制的暗示，直到心中的不平被察觉。

b. 直接找您的室友说您不想吵架，但是……

c. 用同样恼人的习惯折磨您的室友。

⑮ **您感觉有一段时间自己渐渐疏远了配偶，但不愿意承认这一点。当配偶提出这个话题，并且问究竟出了什么问题时，您会：**

a. 说没有什么问题——您只是感觉最近情绪不好。

b. 发泄您的烦恼，结果你们大吵了一架，而没有任何改善。

c. 笨拙地说您认为你们需要谈一谈，努力用最清晰、最友好的方式表达您的感受。

这是一个通讯技术高度发达的时代，但是人际沟通又如何呢？无论是重大的集体问题，还是不必要的小口角，沟通问题始终围绕在我们身边。当文化和社会差异表现突出的时候，问题就更严重了。

　　我们很少考虑最基本的谈话所固有的复杂性——语法清楚和合乎逻辑的词语必须在非常短的时间之内形成、说出、被理解并得到恰当的回应。我们必须考虑的不仅仅是词语。手势、面部表情、肢体语言和语调，甚至着装和发型都很重要。当它们与所说的话冲突时，会引发很大的困惑。我们都知道，强调一个词语，而不强调另一个词语，会改变我们要表达的信息。

◎ 交流的工具

　　与其他人交流时，有许多工具可以使用，这使得交流成了一个令人兴奋和变化多样的体验。声带和口腔可以产生很多种声音，再加上各种面部动作和面部表情：瞪大眼睛、脸红、微笑、哭泣……

　　您的眼睛可以揭示许多内心活动，从默默地表示欢迎到因为某个秘密而自感愧疚。不断的目光接触对于交谈非常有益。它可以表现出兴趣、强调观点，或者表明需要得到一个反应。但是小心达到一种平衡对于确保各方的舒适感受非常重要。如果没有目光的接触，他人会认为，您对与他/她的谈话不感兴趣，而对自己的手指甲更感兴趣。但是，如果您在整个谈话过程中始终盯着对方看，那么他/她会由于不舒服而退缩的。

　　您的着装所发出的信息很容易控制。这很幸运，因为这些信息有非常大的影响力，它可以揭示包括您的态度和生活方式在内的各种事情。在您还没有表达自己的思想之前，您的着装和自我形象就可以展现出您的创造力。人生的成功常常源于使语言和非语言的信息流适应特定的环境。

◎ 成功的关键

　　两个人之间的一次普通谈话很容易发展成支支吾吾的情况。如果把这个问题扩大到一家公司，那么结果将是毁灭性的。不能有效地向公司某些部门传达所发生的事情会妨碍相关同事对生意上的问题进行充分的讨论，所以仅仅一个沟通问题就可以聚集灾难性的动量。正确地利用有效的沟通，架起与他人沟通的桥梁，其回报将是巨大的，而且肯定能够成为生意上成功的关键因素。大量的职位说明中都要求"良好的电话沟通能力"或"优秀的人际交往能力"。

◎ 果断表明立场

大家都能从果断的沟通中受益——说出我们具体想要的，并且认真倾听他人想要的。果断并不意味着专横。它只是一种让人们了解他们所处位置的方式，并且容许他们得到他们想要的东西——换句话说就是良好的沟通。

一开始就与人建立一种彼此信任、友好的关系可以使谈话轻松愉快。认真考虑您的问候方式。虽然某些国家的人表达问候时带有肢体动作，但在大街上拥抱一个陌生人在世界上任何一个地方都不可能给人留下好印象。

◎ 放松！

　　谈话开始阶段的热情和友好表示可以使谈话各方都立即感到放松。这种情感上的安慰有助于促进信任感的形成，从而使谈话进展得更加顺利。尽量使干扰降低到最低，可以使每个讲话者都有更多的机会——如果在讲话中途一个人想多喝点咖啡，那么就不要一直提问！插入一句幽默的话语始终是化解紧张气氛的好方法，但要注意使用的场合和对象——您给好友讲的笑话不一定受到经理的欣赏。另外，不要太安静，否则您会被认为怀有敌意或态度冷淡。记住，即使您想不出要说什么，微笑和发出一些鼓励的声音始终可以起到一定的作用，而且还可以帮助您自然消除羞怯，从而使您慢慢轻松地进入谈话。

现在考虑什么？

随着谈话的进展，考虑以下几点：

① 注意您判断他人的方式，以及他人判断您的方式。您无意中发出的反对信号可能会引起一场争吵。合适的着装也可以带来回报。

② 调整您的语言、行为和衣着，使其适合与您打交道的人。这样可以体现出您的体贴，并且促进谈话双方的理解。如果表现不恰当的话，会立即在谈话双方之间产生一道很难打破的障碍。这并不是说，您的行为应该始终借鉴您周围的人——只是要注意如何才能够更好地与他人相处。

③ 专心听，询问他人，而不是一直谈论自己，这始终是受人欣赏的。专心听他人对您说的话，更有利于自己以最有效的方式做出反应。记住，人们都喜欢谈论自己——愿意倾听会为您赢得许多朋友。

为了评定您的沟通效果，您可以考虑他人对您的反应。如果您遇到的都是呵欠（甚或鼾声），那么极有可能是您的语言没有激发他人的兴趣。但是不要仅仅因为注意到这一点，就感觉灰心或生气，要根据您得到的反馈采取行动。

充分利用您给出的反馈。通过微笑、点头、目光接触和使用鼓励性的话语来表达您的兴趣。双臂和双腿交叉是一种肢体语言的障碍；它是一种防御性的姿势，表明心里不安或不愿意倾听。向他人敞开胸怀，您也会得到友好的回报。

194

为了吸引和保持人们的注意，您可以改变您的音调和语气。单调乏味的独白，缺乏表情变化，对于赢得人心毫无益处。另外，不要滔滔不绝地用语言轰炸别人。暂时的停顿、关注他人的插话、用手势支持您的主张，这些对于成功的沟通都是非常重要的。

如果您要证明某个观点，采用响亮、挑衅的声音是不会有什么收效的。这常常只会让他人疏远您。提高声音表示生气和支配的欲望，一定也会引起另一方的生气。心平气和地劝说、连贯的表述更有可能产生您所期望的结果。

⑧ 　　表述清楚是成功沟通的关键。考虑好后再说，这样他人才容易理解。简洁的表述比不着边际、毫无逻辑的演讲更有说服力。吐字清晰、语气肯定非常有好处。如果连您都不知道自己要表达的意思，那您怎么能够希望他人理解呢？在重要的谈话中，为自己要表达的内容列一个提纲非常有用，同时还可以增加您的信心。

◎ 谈判能力

　　成功的谈判需要一定程度的说服力，但不能专横。彼此信任的友好关系是构建谈判框架的良好基础。在商讨过程中，果断行事，但要避免挑衅行为。不要叫喊、说出不愉快或讽刺性的话语，或试图表现出高人一等的姿态。尝试用平和的心态说服对方几乎总会产生好的结果。自信的行为常常可以通过友好的手势来增强。这会赢得更多的尊敬和合作，比强硬的支配性的手段好得多。同样，频繁的目光接触可以加强您的主张，表达您的自信和决心。用肢体语言表达您的兴趣和主张也是非常重要的，但是注意不要表现得过于固执。

196

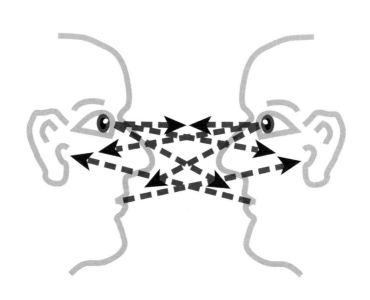

◎ 行动计划

如果您没有考虑好自己希望获得什么结果就贸然进入谈判，那么您是不可能取得成功的。下面的计划可以帮助您避免这一点。

① 确定谈判的形势——您需要谈判什么，您想做出怎样的退让，您所不能接受的结果。确保您知道这些事实。

② 与相关方讨论谈判的形势，各方都要明确表达自己对这个形势的看法，提出各自的需要。

③ 提出解决方案，通常包括退让的限度。善于接受建议——也许谈判双方会达成一个您未曾想到的折中方案，而它比最初的计划更让您满意。

④ 确立了双方达成协议的条件之后，以恰当的方式结束谈判。要友善——让他人高兴并不需要付出太多代价，而且可以为处于困境中的您带来丰厚的回报。

记住：只要您想要，任何事情都是可能的。

确定您想要的东西就成功了一半——然后您需要做的就是行动！

答案与评析

自我测评

得分评析：

20—33分：良好的沟通确实不是您的强项。您也许很容易与他人交谈，但您是否真正考虑过他人是否喜欢听您的话？如果您继续只顾自己，是不可能给人留下好印象的。或者，您也许很难表达什么，这同样也很糟糕：人们也许会认为这是不友好，而不认为您是羞怯。放松，努力对他人感兴趣，而不要总是担心自己，情况会有改观的。您应该努力适应各种情形，例如：您可以考虑用适合某种场合的衣着、态度和谈话来创造一种更好的个人形象。

34—47分：虽然您已经付出了相当的努力，但是失误常常会让您失望。这很容易通过深思熟虑来得到改正——明确您真正想要的可以帮助您得到应有的结果。缺乏自信也许是限制您沟通能力的根本原因。

48—60 分：您非常擅长审时度势，知道如何正确行事。这一点非常令人羡慕。您似乎很了解他人，为了最有效地传达您的想法，您知道倾听的必要性。您之所以受欢迎，是因为您愿意接近他人，而且也容易被他人接近——您知道友好的微笑或手势和问候一样重要。但是不要自满——总还有新的沟通能力需要学习。

会还是不会？

得分：

	a	b	c			a	b	c
1.	1	2	0		9.	2	1	0
2.	2	0	1		10.	1	0	2
3.	1	0	2		11.	0	2	1
4.	2	1	0		12.	2	1	0
5.	2	0	1		13.	0	1	2
6.	0	1	2		14.	1	2	0
7.	0	2	1		15.	0	1	2
8.	1	2	0					

得分评析：

0—10 分：差。但是每个人都可以学会更好地沟通。

11—20 分：良。但是再敏锐和自信一点会更好。

21—30 分：优。您似乎具备适应各种情形的沟通能力。

专注力

➡️ 您阅读的时候，是否在读完一页之后感觉立即就忘记读到了些什么？

➡️ 您是否曾经发生过下面的情况：在一次交谈中，有人问了您一个问题，但您只是模糊地记得有人叫了您的名字，而不知道对方问的是什么？

➡️ 在开车的时候，您是否曾经因为没有看见迎面过来的人而差一点撞到对方？

➡️ 当您有一项具体的工作要做时，您是否曾经坐立不安或拖延好长时间？

➡️ 您是否曾经发生过下面的情况：有人坐下来明确地向您解释如何执行一项任务，然而不久之后您就记不起从哪里开始了？

如果您对以上任何一个问题有回答"是"的情况，不要担心，这是大多数人常出现的情况！缺乏专注力是大多数人常有的问题。但它也是非常恼人的一个问题，无论是您的思想跑题，还是听您讲的人没有听进去一句话。先尝试完成下面的专注力测试题，然后继续阅读，看看如何培养这个重要的能力。后面有参考答案。

◎ 寻找字母对

以固定的速度阅读下表，数出在字母表中有一个字母间隔的字母对数，例如 AC。只数那些按照字母表顺序从 A 到 Z 排列的字母对（所以，不要考虑 CA 这种情况）。

1. AFEMOXZNLQHPWHJAMKVESPRTGHOPQSTVCAPLHJXSWYW
   XLHIOA

2. NPUDEIUZVXPUKPRUFJNBADGUOSUXASBTCGWIJLUPMHDA
   DADWP

3. LOSVADHKNPWGURUSJKNORTVDGOIWPURJGBMDOKEKUKI
   KSYBE

4. UYBFNLBDOQWZJOHCACWYMHCQVXHMOVXHTAOUIGIVBVI
   PXCHOT

5. FHORVZAFCDMNHJWYOQGOZXZDRAHJUMIEBYFHVMOBIJK
   WZADIO

6. CBAIKWOWOWOQZVHJCLOWIOXAFMTVXWVYVWVXZHBFO
   UYEINUYZ

7. TVADGJMPSVYZARNPHEFTXMLJBETYHOMJDISYMEARYGPBJ
   YZA

8. HCERWFKLKLKMUBIJCVZBHPVEKOXZFHJUGBOVZYBKPRCM
   FOHQD

9. HCEADBCECABDCGLBTYMHDLNVZHEAMUZFBTYGIVSJHCK
   MVYZIB

10. MDMPYFBHOVZAHMSUWKCUYIHCVZEMNOPEGKJXNDAEO
    EULGCVBK

11. EGPQRTVEANRWZDLTYKRZAHOPDFHIJKDUVOIZXJEHJPKCR
    SUAC

12. BCUOHMERPRFKTZBHOVZIHCESGHCDEOWZEMOVHBLRZEJ
    WIADVY

13. GBOPHCMWZHCPRFBMVZHUCLMOHVNIEARVXACENGYALD
    RYCLYER

14. JLMNRSTYZDCMNFGCZFMROGLZCIPUWIJLEGVCMTYIDOPW
    FBRYD

15. CIRTYADIMOYHCVRHBTGVZCLMOYHBRYZTVFOWYHCAKO
    XPFBLAM

16. ACEUQFMXIPRBIJDFZHCSWGMOEGBIOVJDANUZAISYICWKE
    GZBL

17. ZXHARTYAUETRGIZNFCQVYDLUWCAFCLOWZGBRVYXZVW
    MLHCHLB

18. YGBMTYEKOGIPRZIDAMSYENVZIDPWYKDAJWPIDACVJDW
    MFBVZG

19. JCRWEGYVZJDARZHBDWKFARYFAZJEDBDZKEBTZJEOWZFB
    RYNPA

20. ICENPOMFAGBWEKCMVJLDEFGVWFHWSUAMGWHJLEOYVF
    HCRAOHC

21. HBIWNFRTHCTHYFLWYDKOFMARYFIKEBVYHDYIEACHMHC
    ULYZQR

22. BIOWDMEFVKFNYAZHBPFWZENHBUFQYGAOFVDAMNQVHC
    WZCPGYA

23. OFBOVXDAOFRTGHIKYDZBDPGWHAYEOFYMOGBDYMICIVY
    DACKEN

24. MEUCJAIVGIPEMCORTFLCJLCSBDYMIAOJCEERHAWFHYEOH
    BWFQ

25. ACIWEPGIWCNEVIVTVGHTIBGYMESHAPRDUEWBYFHEUGA
    YDTBLF

◎ 找错

下面的这篇文章摘自十八世纪小说家简·奥斯汀的小说《傲慢与偏见》，里面有一些故意制造的错误。您的任务是找出其中的错误。仅仅阅读一遍这篇文章，但要用您感觉舒适的速度。当您被要求高度专注时，例如在公路上驾车行驶时，您是不可能有第二次机会的。

My deer Miss Elizabeth, I hve the highess opinionon in thee world of your'excelllentn judgement in n all mattars within the scope off your underererstanding" but permit me to say that their must be a wide diffarance betweeen the establiished forms ot ceremony amongst the layity, and those which regulate the clergy;: four give me leave to observe that I consider the clerical offfice as equal in in point of dignitie with the highest rank in tha kingdom — proovided that a proper humility of behavour is at the same time maintaineded. You must therefore alllow me to follow the dictates of my conscsience on this ocassion, which leads me too perform what I look on as an point of duty; Pardon me by neglecting to profit buy you're advice, which on evry other subject shall be my constant guide, though in the case before us I consider myself more fitted by educattion and habitual studie to decide on what is right then a young lady like yourself." "And with a low bow he left him to attack Mr.. Darcy, whose reception of his advances she eagerly watched, and whose astonnishment at being so addressed was very evident.） Her cousin prefaced his speach with a solemm bow, and 'though she could not here a word of it, she felt as if hearing it all, and saw in th motion of his lips the words 'apology', 'Hunsford', and 'Lady Catherine de Bourgh.' — It vexed her to see him expose him-sef to such a woman. Mr. Darcy was eyeiing him with unrestrained wander, and when at last Mr. Collins allowed him time to speak, replied with a air of distant civililty. Mr.Collins, however, was not discouraged from speaking again, and Mr. Darcy's contemt seemed adundently increasing with the lenght of his seconds peech, and at th end of it he only made a slight bow, and moved another way Mr Collins then returned to Elizabeth.

211

您做得怎么样？在上面的文章中共有五十八处现代语法错误。找到五十处以上是优秀，少于二十五处是差。每行的错误分别如下：第一行有五处错误（deer, hve, highess, opinionon, thee），第二行有四处错误（your', excelllentn, n, mattars），第三行有四处错误（off, undererstanding,", their），第四行有四处错误（diffarance, betweeen, establiished, ot），第五行有三处错误（layity, ;:, four give），第六行有两处错误（offfice, in in），第七行有三处错误（dignitie, tha, proovided），第八行有一处错误（maintaineded），第九行有两处错误（alllow, conscsience），第十行有三处错误（ocassion, too, an），第十一行有五处错误（;, me, by, buy, you're），第十二行有一处错误（evry），第十三行有一处错误（educattion），第十四行有一处错误（studie），第十五行有两处错误（""，Mr..），第十七行有两处错误（astonnishment，)），第十八行有两处错误（speach，'though），第十九行有两处错误（here，th），第二十一行有两处错误（—，-sef），第二十二行有一处错误（eyeiing），第二十三行有一处错误（wander），第二十四行有一处错误（Mr.Collins），第二十五行有一处错误（contemt），第二十六行有三处错误（adundently，lenght，seconds peech），第二十七行有两处错误（way，Mr）。

　　专注力与本书中探讨的其他能力略有不同。具备基本的读写能力和数学能力足以使您度过一生；但是，在一定的条件下，丧失最细微的专注力就有可能造成严重的后果。例如，许多交通事故都是由于司机专注力不集中而造成的——多数司机都有过这样痛苦的经历：到达了目的地却没有意识到自己是怎么到达的。外出购物时专注力不集中可能只是意味着多跑一趟，但是空管人员的专注力欠缺将有可能造成重大的灾难。

◎ 建立新的连接

　　虽然在学习某个学科的时候，专注力的欠缺不会危及生命，但它会妨碍您理解那门学科的深层意义和本质。要理解任何信息的深层含义，要想从中获取更多有用的东西，需要持续的专注力。在许多情况下，这意味着，仅仅吸收支离破碎的信息是没有什么用的，相反大脑会把新信息与已有的思维链条连接起来。用这种方法，学习知识会更加迅速，因为学习和回忆的效率更高了。如果您记忆力差，这种方法就不可能实现了，因为您老是忘记信息——开始就缺乏专注力有可能会妨碍信息在第一时间被吸收。您不可能记住您不知道的东西！

◎ 一次一点点

即使拥有最非凡的专注力，也不可能在同一时间把所有的知识都保存在大脑中——良好的专注力与吸收能力有关。在进行需要动脑筋的谈话、阅读报纸文章、学习如何使用一台新割草机的同时，不可能记住一部电影的情节！

如果一次处理的事情太多，那么您是永远也不可能在学习上取得很大进步的，尤其是当所学知识与数个学科相关时。这会限制大脑进行探索的能力，而探索对于全面地理解事物是非常必要的。

由于我们身边常常会有一连串信息发生，因此大脑常常需要"选择"倾听哪个信息。我们甚至常常意识不到这种情况的发生，因为它的发生可能是在下意识的层面上。大多数人都很容易集中精力看电视节目，而完全忘记身边发生的谈话。但是，一旦您关注身边的谈话，就很难不受到它的影响。

有人说，大脑中有一个控制信息处理的中央部件。如果大脑的其他部分充当这个中央部件的过滤器，把注意力限制在一个神经通道上，那么大脑处理信息的速度就可以得到提高。所以，虽然

大脑选择专注于电视节目，但是身边的交谈可以被下意识地听到，只是没有被关注。虽然有可能了解某些交谈的内容，但只限于几秒钟的短时记忆。您想专注于什么决定着大脑处理的信息通道是哪一个。您集中注意力看电视的同时，偶尔也可能记住谈话的只言片语，但您别想据此就能回忆起谈话的内容！

◎ 专注——一个吸收的问题

据说：

➲ 注意力在两项任务之间最多一秒钟转换两次。

➲ 我们能够在一个问题上专注的最长时间只有四秒。

有效的专注力与吸收能力有关。您专注的程度主要是由您自己决定的，而不是由您所遭遇的让您分心的事物所决定的。

大脑回路的工作方式曾被认为是我们不能够一次集中精力于数项任务的原因。如果您已经通过使用某个大脑回路的通道而专注于一项任务，那么试图用这个通道去执行其他任务将会破坏您对前一项任务的专注。但是，如果您确实需要集中精力于多项任务，您可以通过充分利用您的各种感官来帮助自己。

不要太急于批评您的专注力。您必定要经历注意力被完全转移的时刻，或者是因为美丽的落日，或者是因为动人的乐曲。您也明白自己有完全专注的能力。不幸的是，每个人的注意力时常会被无休止的令人分心的事物所打断。学习正确地处理分心的问题，不久之后，您将发现一个重大的改变。

◎ 减少让您分心的事物

关于处理让您分心的事物，这里有几条金科玉律：

● 承认有让您分心的事物存在，可以使您控制和处理它。只是简单地意识到您的注意力被分散了，就可以帮助您把注意力集中到正确的方向上。

● 通过评估您的专注力水平来监控您的表现。问自己：您的思想是清晰稳定的，还是有可能跑题？您是真正吸收了所学习的知识，还是仅仅浮于表面？我们太容易只阅读文字而不理解其真正的含义。这不仅浪费时间，而且还使我们丧失了专心阅读所带来的乐趣。

● 要确保自己完全明白所处理的任务。明确自己的目标有助于集中和保持注意力，减少分心。

● 一次坚持处理一个问题，正确引导自己的注意力。分心的事物与思想不集中一样危险，但是通过小小的努力就可以排除。

● 如果您在家工作，为手头上处理的工作开辟一个专门的区域——这还意味着您可以不断提醒自己要达成的目标。

➡ 如果您的职业主要是在家工作，那么您会发现，像去上班一样着装可以使您的注意力更集中，更好地抵制各种诱惑，例如冲洗浴缸／狗／汽车——这些事情会在您努力专注于工作时突然变得无法抗拒的有趣。电话最容易破坏注意力——装一台自动留言机可以有很大的帮助，但条件是您不在每个来电之后都去检查！

答案与评析

寻找字母对

答案：总共 132 对

每道题的对数依次为：9，5，4，8，8，7，2，6，6，3，8，3，5，4，5，7，4，4，4，8，4，0，7，6，5。

得分评析：

99 分或更少：差。

100—114 分：良。

115—130 分：优。